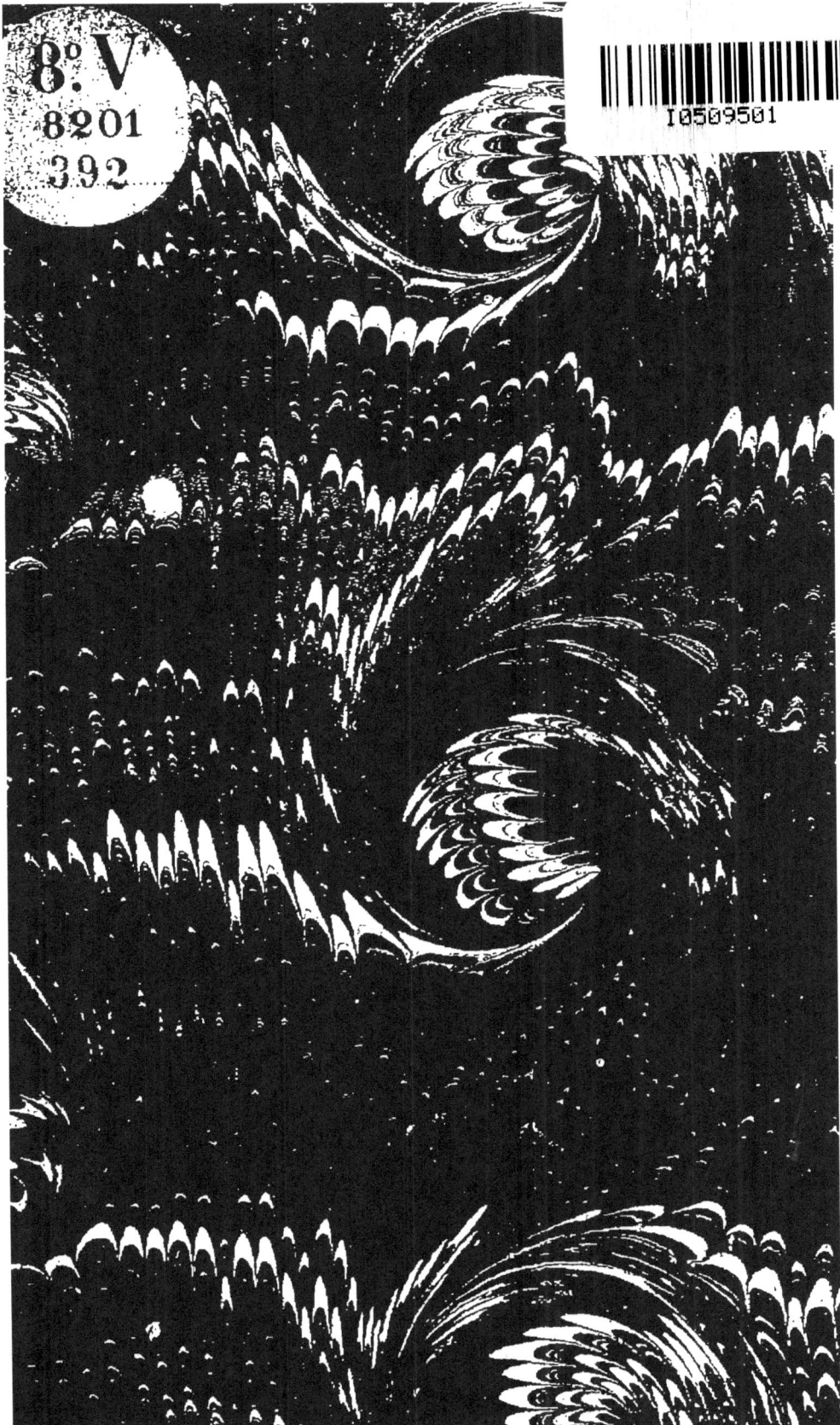

CATALOGUE

D'UNE

COLLECTION PRÉCIEUSE

DE TABLEAUX ET DESSINS

DES MEILLEURS MAITRES

DES TROIS ÉCOLES:

BRONZES, MARBRES, TERRES-CUITES

ET AUTRES OBJETS PRÉCIEUX,

Dont la vente se fera dans la grande Salle de l'Hôtel d'Aligre, rue Saint-Honoré, le Lundi 15 & jours suivans du mois de Mars 1779.

PAR N. F. J. BOILEAU, Peintre de LL. AA. SS. Nosseigneurs les Duc d'Orléans & Prince de Conti.

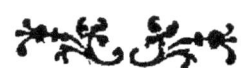

SE DISTRIBUE A PARIS,

Chez { M^e. DU FRANCASTEL, Huissier-Priseur, rue du Battoir.
M. BOILEAU, quai de la Mégisserie.

M. DCC. LXXIX.

AVERTISSEMENT.

La Collection que nous préfentons aujourd'hui au Public a prefque autant de droits à fon fuffrage que le Cabinet de feu S. A. S. Mgr. le Prince de Conti, vendu il y a deux ans, & fi bien accueilli des Amateurs. La plus grande partie des objets qui la compofent en proviennent, & ce ne font pas les moins intéreffans. Afin de mettre le Public à portée de les reconnoître & de comparer les encheres, nous avons eu foin, en rédigeant ce Catalogue, d'indiquer à chaque article qui a été vendu chez S. A., & qui fe retrouve ici, le N°. du Catalogue qui a été fait pour la vente de ce riche Cabinet.

Tous les objets propofés aujourd'hui en vente font proprement, quelques-uns richement embordurés. Nous avons indiqué les Tableaux peints fur toile, fur

iv *AVERTISSEMENT.*
cuivre ou fur bois, felon l'ufage, par les lettres T. C. B. mifes après chaque article.

La partie des Deſſins eſt compoſée d'objets précieux, & pour la plupart déjà connus.

On verra le tout dans les Salles de l'Hôtel d'Aligre, les quatre jours qui précéderont la vente.

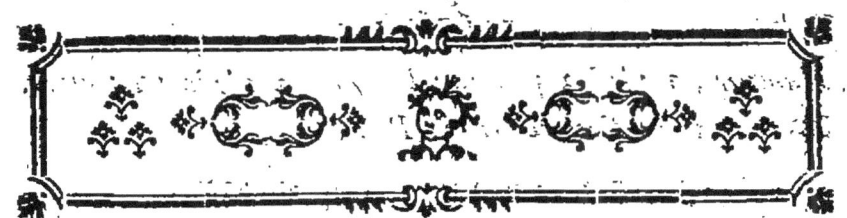

CATALOGUE

D'une Collection précieuse de Tableaux & Deſſins des meilleurs Maîtres des trois Ecoles : Bronzes, Marbres, Terres-cuites, & autres objets précieux.

ECOLE D'ITALIE.

RAPHAEL D'URBIN.

1. LE Portrait de ce Peintre peint par lui-même & vu juſqu'à mi-corps, les cheveux longs & pendants, & coiffé d'une toque rouge.

Ce Tableau n'a jamais ſouffert aucun doute dans les différents Cabinets où il a paſſé. *Hauteur, 20 pouces; largeur, 15 pouces. B. n°. 6 du Cat. de M. le P. de C.*

JULES ROMAIN.

2. Le Paſſage de la Mer Rouge.

Tableau de forme ovale peint ſur prime d'Améthyſte.

Hauteur, 1 pied 3 pouces ; *largeur*, 7 pieds 10 pouces. T, n°. 11 du Cat. de M. le P. de C.

Dit LEONARD DE VINCY.

3. Ce Tableau représente la Sainte-Vierge assise avec l'Enfant-Jesus, S. Jean & un Ange.

Il est précieusement peint, & digne de ce Maître. Il a toujours passé pour la répétition en petit d'un plus grand. *Hauteur*, 3 pieds 7 pouces ; *largeur*, 2 pieds 9 pouces. T. n°. 166 du Cat. de M. le P. de C.

ANDRÉ SOLARIO.

4. Ce Tableau représente un Bourreau mettant la tête de S. Jean dans un plat que tient la fille d'Hérodiade.

Il est d'un fini précieux & extraordinaire, & peut être regardé comme un des plus capitaux de ce Maître. *Hauteur*, trois pieds ; *largeur*, 4 pieds 10 pouces. B. n°. 173 du Cat. de M. le P. de C.

ANDRÉ DEL SART.

5. La Vierge vue à mi-corps, ayant l'Enfant-Jesus devant elle sur un oreiller.

Ce Tableau a été enlevé de dessus bois par M. Picot, & remis sur une glace pour faire voir les deux faces. *Hauteur*, 24 pouces ; *largeur*, 17 pouces.

SALSO FERATTI.

6. Une Annonciation. Au-dessus du sujet on voit beaucoup d'Anges dans une Gloire.

Ce Tableau est précieux & d'un grand fini. *Hauteur*,

12 pouces; largeur, 11. C. n°. 181 du Cat. de M. le P. de C.

ANTOINE ALLEGRI, dit LE CORREGE.

7. Sainte Catherine accompagnée de deux Anges, dont un la couronne. Composition de trois figures vues jusqu'aux genoux.

Ce Tableau est d'un fini précieux, & d'un beau pinceau. *Hauteur*, 2 *pieds* 9 *pouces*; *largeur*, 2 *pieds* 5 *pouces*. B. n°. 47 *du Cat. de M. le P. de C.*

ANNIBAL CARRACHE.

8. Un Tableau représentant la sainte Famille, figures de grosseur naturelle, & vues jusqu'aux genoux. L'Enfant-Jesus se présente debout sur les genoux de la Vierge; il a sa main gauche passée pardessus l'épaule de sa Mere, & la droite tenant des cerises, portée dans celle de S. Joseph, qui se voit derriere lui.

Ce Tableau du plus grand mérite est d'une belle fonte de couleur, & d'un dessin très-correct. *Hauteur*, 3 *pieds* 9 *pouces*; *largeur*, 3 *pieds*. T. n°. 58 *du Cat. de M. le P. de C.*

FRANÇOIS ALBANNE.

9. Calysto reconnue grosse au bain par Diane & ses Nymphes.

Composition agréable de la belle touche de l'Albanne, & d'une belle couleur. *Hauteur*, 2 *pieds* 8 *pouces*; *largeur*, 3 *pieds* 1 *pouce*. T. n°. 77 *du Cat. de M. le P. de C.*

LE GUERCHIN.

10. La Madeleine Pénitente : on la voit prosternée auprès d'un piédestal, sur lequel est la Couronne d'épines posée sur un linge ; derriere & à côté d'elle sont deux Anges, dont un tient un des clous du Crucifix.

On ne peut assez admirer la belle couleur & le beau fini de ce Tableau, dont l'Estampe est connue. Il est de forme ceintrée par le haut. *Hauteur*, 11 pouces ; *largeur*, 9 pouces. C. n°. 593 du Cat. de M. le P. de C.

Dans la maniere DU GUERCHIN.

11. Suzanne surprise au bain par les Vieillards.

Composition de trois figures de proportion naturelle, d'une belle touche & d'un coloris vigoureux. *Hauteur*, 5 pieds 2 pouces ; *largeur*, 6 pieds. T. n°. 63 du Cat. de M. le P. de C.

GUIDO RENY.

12. Composition de quatre figures de femmes de grandeur naturelle, & vues jusqu'aux genoux, dont la principale sur le devant représente Sainte Barbe, & tient une palme.

Ce Tableau d'un certain temps du Guide est clair & agréable. *Hauteur*, 4 pieds 2 pouces ; *largeur*, 3 pieds 3 pouces. T. n°. 66 du Cat. de M. le P. de C.

SIMON CANTARINI, ou LE PEZAREZE.

13. Un Repos de la sainte Famille : la Vierge

est assise, & tient sur ses mains l'Enfant-Jesus qui lui tend les bras; Saint Joseph est à leur droite appuyé contre un arbre. B.

14. *Le même Sujet*. La Vierge assise au pied d'un arbre tient l'Enfant-Jesus qui dort entre ses bras: on voit à leur gauche S. Joseph dormant aussi, & la tête appuyée sur une de ses mains. T.

Ces deux Tableaux sont assez connus de tous les Amateurs pour leur laisser la liberté d'en apprécier le mérite. Le Pezareze les a gravés tous deux à l'eau-forte. *Hauteur, 15 pouces; largeur, 21. n°. 64 du Cat. de M. le P. de C.*

TITIEN VECELLY.

15. *Diane surprise au bain par Actéon.*

Ce Tableau agréable & du bon temps de ce Maître plaira aux Amateurs par sa touche & sa belle couleur. *Hauteur, 20 pouces 6 lignes; largeur, 15 pouces. T. n°. 91. du Cat. de M. le P. de C.*

16. *Le buste d'un Vieillard à longue barbe.*

Ce Tableau doit être regardé comme un morceau précieux de ce Maître par sa touche, sa couleur & sa grande vérité. Il fait pendant au n°. 103 ci-après de ce Catalogue. *Hauteur, 1 pied 10 pouces; largeur, 1 pied 5 pouces. T. n°. 93 du Cat. de M. le P. de C.*

Maniere DU TITIEN.

17. Une femme vue à mi-corps, & de grosseur naturelle; elle tient de la main droite un

aspic & de la gauche un miroir, & paroît une figure allégorique.

Hauteur, 3 pieds 10 pouces; largeur, 3 pieds. T. n°. 168 du Cat. de M. le P. de C.

PAUL VERONNEZE.

18. Un Tableau représentant l'adoration des Bergers : la Vierge paroît à genoux & baissée ; elle leve un linge pour leur découvrir l'Enfant-Jesus couché dans une manne ; sa Divinité éclaire tout le sujet ; un bœuf fait opposition à la lumiere, & les Bergers dans diverses attitudes regardent & adorent.

Ce morceau est du meilleur temps de ce Maître, & gravé dans l'Œuvre de Crozat. *Hauteur, 2 pieds 8 pouces; largeur, 3 pieds. T.*

19. Un Tableau représentant Vénus & l'Amour.

Il est d'une maniere agréable, d'un beau coloris ; d'une belle touche & du bon temps de ce Maître. *Hauteur, 10 pouces; largeur, 18 pouces 6 lignes. T. n°. 108 du Cat. de M. le P. de C.*

20. L'Adoration des Bergers.

Ce Tableau d'un rare mérite & d'une belle couleur, est du bon temps de ce Maître. *Hauteur, 2 pieds 11 pouces; largeur, 5 pieds. T. n°. 102 du Cat. de M. le P. de C.*

ALEXANDRE VERONNEZE.

21. Ce Tableau représente David tenant la tête de Goliath.

Il est d'un mérite supérieur, d'une belle touche & d'une couleur admirable. La figure est de proportion naturelle, & vue jusqu'aux genoux. *Hauteur, 3 pieds 7 pouces ; largeur, 2 pieds 10 pouces. T. n°. 126 du Cat. de M. le P. de C.*

22. Bacchus & Ariane. Ces deux figures sont représentées assises & dans un paysage.
Hauteur, 3 pieds 8 pouces ; largeur, 3 pieds 5 pouces. T. n°. 208 du Cat. de M. le P. de C.

JACQUES ROBUSTI, dit LE TINTORETT.

23. Un Tableau représentant les noces de Cana : une grande table en fer à cheval occupe l'appartement ; Jésus & la Vierge sont assis dans le milieu, & sur le devant on voit les serviteurs exécutant les ordres de N. S. Le fonds du Tableau offre la vue d'un jardin : on voit sur les côtés des valets, de la musique, des buffets & une architecture riche.

Ce Tableau est de la plus belle touche, d'une harmonie & d'un effet admirables. *Hauteur, 3 pieds ; largeur, 3 pieds 3 pouces. T.*

24. Un Tableau vigoureux & d'une belle touche représentant une Sainte recueillant le sang des Martyrs avec une éponge qu'elle presse dans une urne.

Hauteur, 4 pieds 8 pouces ; largeur, 3 pieds 4 pouces. T. n°. 111 du Cat. de M. le P. de C.

25. Ce Tableau représente les portraits d'un homme, d'une femme & de deux enfans, tous

de force naturelle, & vûs jufqu'aux genoux.

Il eft facilement fait & touché au premier coup. *Hauteur*, 3 pieds 10 pouces ; *largeur*, 3 pieds 4 pouces. T. n°. 191 *du Cat. de M. le P. de C.*

MICHEL-ANGE, dit LE CARRAVAGE.

26. Le Songe d'Elie : compofition de deux figures de groffeur naturelle, & vues jufqu'à mi-corps.

Ce Tableau eft bien peint & du bon temps de ce Maître. *Hauteur*, 3 pieds ; *largeur*, 2 pieds 6 pouces. T. n°. 16 *du Cat. de M. le P. de C.*

27. L'Annonce aux Bergers : on y voit dans le haut une Gloire & plufieurs Anges leur apparoiffant ; ceux-ci font dans l'étonnement & l'adoration.

Ce Tableau que la lumiere du Ciel éclaire, eft intéreffant par fa touche & fon beau faire. *Hauteur*, 3 pieds ; *largeur*, 2 pieds 5 pouces. T. n°. 177 *du Cat. de M. le P. de C.*

JACQUES BASSAN.

28. Notre-Seigneur avec les Pélerins d'Emmaüs : fur la gauche du Tableau on voit une femme & fon enfant, des coqs, des poulets, des uftenfiles de baffe-cour ; le fonds eft un payfage montagneux.

Il eft bien peint & du bon temps de ce Maître. *Hauteur*, 20 pouces ; *largeur*, 26. T. n°. 853 *du Cat. de M. le P. de C.*

ANDREA SACCHI.

29. La Naissance de l'Amour.

Ce petit Tableau est légérement fait & d'une touche très-spirituelle. *Hauteur*, 1 *pied*; *largeur*, 1 *pied* 4 *pouces. T. n°. 27 du Cat. de M. le P. de C.*

JOSEPH RIBERA, dit L'ESPAGNOLET.

30. Deux Tableaux pendants. Ils représentent deux Apôtres, dont S. Pierre.

Ils sont d'un bon pinceau & largement faits. *Hauteur*, 30 *pouces*; *Largeur*, 24. *T. n°. 219 du Cat. de M. le P. de C.*

PIERRE-FRANÇOIS MOLÉ.

31. Une Sainte Thérèse. Figure vue à mi-corps, & forte comme nature.

Hauteur, 2 *pieds* 10 *pouces*; *largeur*, 2 *pieds* 4 *pouces. T. n°. 172 du Cat. de M. le P. de C.*

32. Herminie se reposant sur le bouclier de Clorinte, & parlant à un vieux Berger accompagné de trois enfans.

Ce Tableau, pour l'exécution tant des figures que du paysage & des fonds, est un des plus beaux morceaux de ce Maître, de sa plus belle touche & de sa plus belle couleur. *Hauteur*, 2 *pieds* 10 *pouces*; *largeur*, 5 *pieds. T. n°. 23 du Cat. de M. le P. de C.*

CARLE CIGNANI.

33. Une sainte Famille: on y voit la Vierge assise tenant sur ses genoux l'Enfant-Jesus; Saint Joseph est derrière avec un livre à la main;

sur le devant, S. Jean & quelques Anges prosternés sont en adoration.

Ce Tableau bien peint est de la premiere maniere de ce Maître. *Hauteur*, 3 *pieds* 4 *pouces*; *largeur*, 4 *pieds* 8 *pouces*. T. n°. 548 *du Cat. de M. le P. de C.*

SALVATOR ROZA.

34. La Bataille de Constantin.

Ce Tableau d'une grande ordonnance de composition, est d'un genre peu ordinaire à ce Maître. Il est de la plus belle touche, de la meilleure couleur, clair & agréable par-tout, intéressant & varié dans les figures, & passera toujours pour un morceau des plus capitaux parmi les Connoisseurs. *Hauteur*, 3 *pieds*; *largeur*, 5 *pieds*. T. n°. 143 *du Cat. de M. le P. de C.*

35. La Prédication de S. Jean dans le désert : composition riche, & dans laquelle on voit quantité de figures, dont une à cheval, les autres dans différentes attitudes.

Ce Tableau est vigoureux de couleur, & d'une belle touche. *Hauteur*, 21 *pouces*; *largeur*, 32 *pouces*. T.

BARTHELEMY MURILLOS.

36. Jesus & la Vierge aux noces de Cana : la figure principale est celle de Jesus assis sur le devant du Tableau au coin de la table, & dans l'instant du miracle; le fonds est occupé par tous les conviés, parmi lesquels on remarque au milieu les deux époux; & sur le

premier plan font les valets & ferviteurs occupés à remplir des vafes d'eau & de vin.

Ce Tableau eft clair & gracieux dans toutes fes parties. Sa touche eft fine & fpirituelle. La lumiere répandue fur la table & fur les convives, produit le plus bél effet, & les devants font illufion. Les Connoiffeurs en font le plus grand cas, & le regardent comme un morceau des plus capitaux de ce Maître. *Hauteur*, 5 *pieds* 4 *pouces*; *largeur*, 7 *pieds*. T. n°. 164 *du Cat. de M. le P. de C.*

LUCAS JORDANS.

37. Danaë couchée fur un lit dans une attitude agréable, & étendant les bras dans l'inftant où Jupiter fe métamorphofe pour elle en pluie d'or : auprès d'elle une vieille femme femble defirer de partager ces richeffes.

Ce Tableau eft vigoureux de couleur, & agréable dans toutes fes parties. *Hauteur*, 3 *pieds*; *largeur*, 4 *pieds* 2 *pouces*. T. n°. 175 *du Cat. de M. le P. de C.*

J. B. CASTIGLIONE, dit LE BENEDETTE.

38. La Sortie de l'Arche : compofition de quelques figures & animaux. Sur le devant on remarque un homme conduifant un bœuf, un autre monté fur un âne; un coffre, autres bagages, animaux & gibier.

Ce Tableau eft du meilleur temps de ce Maître, d'une belle touche, & d'une forte couleur. *Hauteur*, 3 *pieds* 4 *pouces*; *largeur*, 3 *pieds* 6 *pouces*. T. n°. 138 *du Cat. de M. le P. de C.*

VALERIO CASTELLY.

39. Une grande composition : on y voit pour principales figures S. Pierre paroissant devant un Empereur assis sur son Trône.

Ce Tableau fait au premier coup est de la touche légere & facile connue à ce Maître. *Hauteur, 2 pieds 3 pouces; largeur, 1 pied 9 pouces. T. n°. 142 du Cat. de M. le P. de C.*

JEAN DE SAINT-JEAN.

40. Judith mettant la tête d'Holopherne dans un sac que tient sa Suivante : composition de deux figures, forte nature.

Les Tableaux de ce Maître ont beaucoup de mérite, & sont peu connus dans nos cabinets. *Hauteur, 4 pieds 2 pouces; largeur, 3 pieds 5 pouces. T. n°. 152 du Cat. de M. le P. de C.*

LE CHEVALIER LIBERI.

41. Deux Tableaux faisant pendants : l'un représente Diane & ses Nymphes; on voit en l'air l'Amour qui tient son flambeau : l'autre représente l'Amour & les Graces.

Les figures de ces deux sujets clairs & agréables sont de proportion naturelle. *Hauteur, 4 pieds 10 pouces; largeur, 5 pieds 10 pouces. T. n°. 117 du Cat. de M. le P. de C.*

VINCENT GEMINIANI.

42. Un Sujet allégorique. Il représente le Temps

Temps qui ôte des fleurs de deſſus la tête d'une femme figurant la Beauté; autour d'elle ſont les Amours, dont l'un lui préſente un miroir.

On voit fort peu de Tableaux de ce Maître, & celui-ci eſt de ſon meilleur temps. *Hauteur, 3 pieds 10 pouces; largeur, 5 pieds 4 pouces. T. n°. 52 du Cat. de M. le P. de C.*

PAUL MATTEI.

43. Une grande & riche compoſition. Elle repréſente une allégorie analogue à la conquête du Pérou par l'Eſpagne, ſous les auſpices de la Sainte Vierge que l'on voit dans le haut ſur les nuages.

Le génie fécond de l'Artiſte ſe fait voir dans toutes les parties de cette compoſition. *Hauteur, 4 pieds 9 pouces; largeur, 7 pieds 7 pouces. T. n°. 153 du Cat. de M. le P. de C.*

Dit du DOMINICAIN.

44. Un grand Tableau peint ſur le travers: il repréſente un Martyr à qui on va couper la tête; une femme auprès de lui, & ayant les mains jointes, eſt tenue par un Bourreau.

Hauteur, 4 pieds 5 pouces; largeur, 6 pieds 9 pouces. T. n°. 58 du Cat. de M. le P. de C.

LE MALTAIS.

45. Deux Tableaux repréſentant une table

B

couverte d'un tapis, & sur laquelle sont des fruits & sucreries.

T. n°. 203 du Cat. de M. le P. de C.

46. Deux autres Tableaux du même Maître, & représentant à-peu-près les mêmes objets.

T. n°. 204 du Cat. de M. le P. de C.

ECOLE FRANÇOISE.

SIMON VOUET.

47. VÉNUS retenant Adonis qui part pour la chasse : elle est accompagnée de quelques Amours.

Hauteur, 3 pieds 9 pouces ; largeur, 4 pieds. T. n°. 528 du Cat. de M. le P. de C.

CH. LE BRUN.

48. Notre-Seigneur sur la Croix.

Ce Tableau fut fait pour la Chapelle de l'ancien Hôtel de Conti, & est du meilleur temps de ce Maître. *Hauteur, 7 pieds 6 pouces ; largeur, 5 pieds 6 pouces. T.*

49. Le Serpent d'airain.

Ce petit Tableau est la premiere idée de M. le Brun, sur laquelle il a exécuté le grand qui est dans le Réfectoire des Moines de Picpus. Il est légérement fait, & le plus précieux de ce Maître. *Hauteur, 2 pieds 4 pouces ; largeur, 2 pieds 10 pouces. T. n°. 577 du Cat. de M. le P. de C.*

EUSTACHE LE SUEUR.

50. Un Tableau composé de trois figures : il représente l'instant où Jacob verse de l'eau aux filles de Laban pour abreuver leurs troupeaux.

On y reconnoît toute la sagesse & la mâle simplicité des

compositions de ce Maitre, sa belle couleur & la noblesse de son dessin. *Hauteur, 3 pieds 4 pouces ; largeur, 2 pieds 10 pouces.* T.

SÉBASTIEN BOURDON.

51. Deux petits Tableaux pendants, de forme ronde. Ils représentent tous deux des ruines d'architecture, & sont enrichis de figures : dans l'un on voit sur le devant un un homme à cheval & des moutons ; dans l'autre, une grande arcade sur laquelle passent des figures.

Diametre, 8 pouces. B.

52. Un petit Tableau de forme ronde dans la maniere de Jean Miel. Il représente plusieurs figures, jouant sous une tente à la porte d'un Cabaret ; & près de-là un homme descendant de son cheval, & qui raccommode son soulier.

Diametre, 12 pouces. T.

CL. GELÉE, dit LE LORRAIN.

53. Un Tableau précieux & bien conservé, de ce Maître. Il représente le Pérystile d'un Palais au bord de la mer, & quantité de figures qui paroissent disposer l'embarquement d'une femme que l'on voit au milieu, & entre les mains de laquelle on remarque un chapelet.

Ce morceau riche de composition offre une mer étendue

fur laquelle fe réfléchit le foleil levant. Le fonds eft terminé par des lointains & un beau Ciel, fur lesquels fe détache une tour environnée de vaiffeaux; & la gauche du Tableau eft occupée par des rochers garnis de touffes d'arbres. *Hauteur, 3 pieds 3 pouces; largeur, 4 pieds 7 pouces. T.*

JACQUES STELLA.

54. L'Adoration des Bergers. Ce Tableau de forme ronde eft d'une compofition gracieufe, d'un bel effet, & du meilleur temps de ce Maître.

Diametre, 6 pouces. G. n°. 329 du Cat. de M. le P. de C.

BLANCHET.

55. Didon fur le bûcher.
Ce Tableau a du mérite. *Hauteur, 3 pieds 9 pouces; Largeur, 4 pieds 9 pouces. T. n°. 817 du Cat. de M. le P. de C.*

PIERRE MIGNARD.

56. Le Portrait de Henriette d'Angleterre, repréfentée affife tenant une trompette & un livre.

Hauteur, 5 pieds 7 pouces; largeur, 4 pieds. T. n°. 623 du Cat. de M. le P. de C.

COTELLE.

57. Deux petits Tableaux pendants, dans des bordures octogones de bronze doré d'or moulu. L'un repréfente Apollon pourfuivant Daphné; l'autre, Narciffe fe mirant dans les eaux : dans celui-ci, fur le fecond plan, on

apperçoit Vénus assise près de l'Amour, qui éteint son flambeau.

Ces deux petits Tableaux sont d'un fini précieux, & d'une belle couleur. On en voit peu de ce Maître, qui a passé presque tout son temps à travailler au Château de Saint-Cloud pour Monsieur, frere de Louis XIV.

J. JOUVENET.

58. Le Sacrifice d'Iphigénie.

Ce Tableau ceintré par le haut est de la plus belle composition, & du meilleur temps de M. Jouvenet. *Hauteur, 6 pieds ; largeur, 4 pieds. T. n°. 636 du Cat. de M. le P. de Conti.*

BAPTISTE MONNOYER.

59. Deux Tableaux pendants. Ils représentent tous deux de très-belles fleurs dans des vases.

Ils sont du plus beau coloris, & d'une finesse admirable. *Hauteur, 2 pieds 3 pouces ; largeur, 1 pied 10 pouces. T. n°. 632 du Cat. de M. le P. de C.*

JEAN-BAPTISTE SANTERRE.

60. Une femme assise & de grandeur naturelle, vue jusqu'à mi-corps.

Ce Tableau est du bon temps de ce Peintre. *Hauteur, 2 pieds 9 pouces ; largeur, 2 pieds 3 pouces. T. n°. 639 du Cat. de M. le P. de C.*

ROB. TOURNIERES.

61. Deux Tableaux pendants. L'un repré-

sente un homme & une femme dans l'intérieur d'une chambre, & qui se parlent; dans l'autre on voit un homme regardant à la lueur d'une chandelle différentes bosses, dont une figure de femme.

Ces deux Tableaux sont très-bien peints, & d'une vérité agréable. *Hauteur, 14 pouces; largeur, 10 pouces 6 lignes. B. n°. 709 du Cat. de M. le P. de C.*

P. PATEL le Pere.

62. Un Paysage orné de belles ruines d'Architecture. On voit sur le devant entr'autres figures celle de Narcisse se mirant dans les eaux.

Hauteur, 4 pieds 4 pouces; largeur, 5 pieds 3 pouces. T. n°. 588 du Cat. de M. le P. de C.

LOUIS BOULLONGNE l'aîné.

63. Deux Tableaux pendants, de ce Maître. L'un représente Apollon assis au pied d'un arbre, après avoir vaincu le Serpent Pithon. Il a la main gauche appuyée sur son arc, & la jambe droite portée sur la tête du Dragon; on voit sur le second plan des Peuples dans l'admiration. L'autre représente ce Dieu combattant contre Cacus.

Ces deux Tableaux sont du meilleur temps de ce Maître. *Hauteur, 2 pieds; largeur, 3 pieds. T.*

64. Ce Tableau de forme ronde représente

le buste d'une Vestale tenant le Feu sacré dans un vase.

Diamètre, 20 pouces. T. n°. 64 du Cat. de M. le P. de C.

65. Deux Tableaux pendants. Ils représentent, l'un Renaud & Armide; & l'autre, Hercule & Omphale.

66. Deux autres Tableaux pendants, représentant, l'un Jupiter sous la forme de Diane auprès de la Nymphe Calysto; & l'autre, Angélique & Médor.

Ces quatre Tableaux sont du meilleur temps de ce Maître à son retour d'Italie. Ils viennent du Cabinet de feu S. A. S. Mgr. le Prince de Conti, mais ne sont pas compris dans le Catalogue. *Hauteur, 30 pouces; largeur, 36. T.*

L. GALLOCHE.

67. Deux Tableaux pendants. L'un représente les Compagnons d'Enée, qui le reconnoissent à son arrivée à la Cour de Didon, où il paroît sur le nuage dont Vénus l'avoit entouré. On voit ceux-ci au pied du Trône de la Reine de Carthage, qui expriment leur joie & l'étonnement où ils sont, l'ayant cru submergé. L'autre représente Enée & son fils Ascagne à la Cour de cette Princesse, dans un moment où ils sont à table, & où elle leur fait présenter des rafraîchissemens.

De belles compositions, une harmonie & une finesse

de couleur remarquable, rappelleront aux Amateurs les talens du célebre Maître de M. Lemoine. *Hauteur, 3 pieds ; largeur, 4 pieds 6 pouces. T.*

DE TROYE.

68. Deux Tableaux pendants. Ils repréſentent, l'un le Jugement de Salomon, & l'autre Eſther devant Aſſuérus.

Compoſitions agréables. *Hauteur, 4 pieds ; largeur, 3 pieds. T. n°. 602 du Cat. de M. le P. de C.*

69. Un Tableau de ce Maître repréſentant Diane au bain : compoſition de ſix figures. On voit ſur la gauche celle d'Actéon qui vient de ſurprendre cette Déeſſe.

Hauteur, 3 pieds ; largeur, 2 pieds 6 pouces. T. n°. 604 du Cat. de M. le P. de C.

N. COYPEL.

69 bis. Le pendant du précédent. Il repréſente Bacchus & Ariane à table dans un jardin avec pluſieurs autres Divinités.

Hauteur, 3 pieds ; largeur, 2 pieds 6 pouces. T.

N. LARGILLIERE.

70. Un Payſage repréſentant la vue de l'entrée d'un Village. Le devant du Tableau eſt orné de deux figures principales : un homme portant des légumes dans un panier, & une femme ſavonnant dans un baquet. Sur la gauche deux enfans paroiſſent ſortir d'une cour ;

& sur la droite on voit un jeune garçon auprès d'un puits. Plusieurs animaux, quelques légumes & différens ustensiles de ménage ornent cette composition : des lointains & un beau ciel terminent le milieu de ce Tableau, qui est très-intéressant & de la plus belle couleur.

Hauteur, 2 pieds 7 pouces ; largeur, 3 pieds 8 pouces. T.

DESPORTES.

71. Un Tableau représentant un Faisan attaché à un tronc d'arbre, au pied duquel se voient un Canard, des Perdrix rouges & un Pivert. Derriere le tronc d'arbre se voit un Chien épagneul dans la demi-teinte, faisant opposition au lointain.

Ce Tableau est de la plus belle couleur, & du meilleur temps de ce Maître. *Hauteur, 3 pieds 8 pouces ; largeur, 2 pieds 8 pouces. T.*

72. Deux Tableaux pendants, en hauteur & de forme ronde par en bas. Ils représentent tous deux des instrumens de musique & autres accessoires variés de compositions & savamment peints.

Hauteur, 6 pieds ; largeur, 4 pieds. T.

CH. DE LA FOSSE.

73. L'Apothéose de S. Louis : très-belle esquisse terminée du Dôme des Invalides.

De forme ronde, diametre de 5 pieds. T. n°. 597 du Cat. de M. le P. de C.

74. Le Projet d'un plafond repréſentant l'Apothéoſe de la Vierge.

Ce Tableau, du meilleur temps de ce Maître, eſt d'une compoſition riche & d'une couleur excellente. *Il eſt de forme ronde, diametre de 2 pieds 10 pouces. T. n°. 595 du Cat. de M. le P. de C.*

75. Un Tableau repréſentant la Vierge, l'Enfant-Jeſus & S. Jean. La Vierge eſt aſſiſe, les jambes alongées & la main gauche appuyée ſur ſes genoux; de l'autre elle préſente S. Jean à l'Enfant-Jeſus qui lui donne ſa bénédiction.

Ce Tableau eſt un de ces morceaux qui font honneur à notre Ecole, & qui mettent M. de la Foſſe au rang des meilleurs Maîtres de l'Italie. *Hauteur, 3 pieds; largeur, 3 pieds 6 pouces. T.*

FOREST.

76. Deux grands Payſages. Ils repréſentent, l'un des perſonnes jouant aux cartes, l'autre des gens qui font collation.

Ces deux Tableaux ont du mérite, & ſont d'un pinceau vigoureux & chaud. *Hauteur, 5 pieds 10 pouces; largeur, 4 pieds 8 pouces T.*

GRIMOUX.

77. Le Portrait d'un beau jeune homme vêtu d'une cuiraſſe pardeſſus l'habit, & tenant dans ſa main droite une pique.

Ce Tableau eſt d'une fonte de couleur admirable, & du meilleur temps de ce Maître. *Hauteur, 2 pieds 6 pouces; largeur, 2 pieds. T.*

J. B. PATER.

78. Deux petits Tableaux pendants. L'un repréſente le Portrait du Peintre lui-même, la palette à la main devant ſon chevalet; près de lui eſt une petite table ſur laquelle eſt poſée une boſſe: l'autre repréſente une Demoiſelle qui lui ſervoit de modele.

Ces deux morceaux ſont fins, & du meilleur temps de ce Maître. *Hauteur, 8 pouces; largeur, 7 pouces. T.*

P. SUBLEYRAS.

79. Une Sainte en méditation, les mains croiſées ſur ſa poitrine: figure vue à mi-corps.

Ce Tableau eſt ſavamment peint. *Hauteur, 2 pieds 3 pouces; largeur, 1 pied 10 pouces. T. n°. 703 du Cat. de M. le P. de C.*

80. Une répétition du Portrait, vu juſqu'aux genoux, du Pape Benoît XIV.

Ce Tableau étoit ci-devant chez M. le Duc de Saint-Agnan. *Hauteur, 4 pieds 6 pouces; largeur, 3 pieds 6 pouces. T. n°. 864 du Cat. de M. le P. de C.*

NATTIER.

81. Le Portrait en pied de Mademoiſelle Camargo. Elle eſt repréſentée aſſiſe ſous la figure d'une Nayade, & de grandeur naturelle.

FRANÇOIS LEMOYNE.

82. Calysto reconnue grosse au bain par Diane & ses Nymphes : composition de neuf figures dans un paysage agréable terminé dans les fonds par des rochers & des arbres.

Ce Tableau est précieux & largement fait. *Hauteur, 2 pieds 2 pouces ; largeur, 2 pieds 9 pouces. T. n°. 657 du Cat. de M. le P. de C.*

83. Le Conte de la Fontaine, intitulé : *Le Cuvier.*

Ce petit Sujet est traité avec tout l'esprit possible, & la touche en est fine & délicate. *Hauteur, 7 pouces ; largeur, 9 pouces 6 lignes. T. n°. 675 du Cat. de M. le P. de C.*

TREMOLIERE.

84. Une Figure allégorique représentant l'Architecture. Elle est assise, tenant de la main droite un compas appuyé sur un grand livre ; deux Génies lui présentent les plans de Saint Pierre de Rome & de S. Jean de Latran : sur le devant est un enfant qui tient une masse & un ciseau, & qui travaille à une base de colonne ; & près de lui sont des livres & des attributs & accessoires analogues : le fonds offre les monumens de l'ancienne Rome.

Ce superbe Tableau fait regretter la mort de ce célebre Artiste, trop tôt enlevé pour l'honneur de notre Ecole. *Hauteur, 3 pieds 6 pouces ; largeur, 6 pieds. T.*

CARLE VANLOO.

85. Un grand Tableau représentant Putiphar voulant séduire Joseph.

Ce morceau précieux réunit tout ce que la couleur & l'harmonie offrent de plus beau. Les Amateurs y reconnoîtront toutes les beautés qui caractérisent les Ouvrages de M. Vanloo. *Hauteur, 4 pieds ; largeur, 5 pieds. T.*

86. Sainte Clotilde. Esquisse très-avancée du Tableau de la Chapelle du Château de Choisy : on y voit la Sainte à genoux, & recueillie devant un tombeau au-dessus duquel est une gloire d'Anges.

Ce petit Tableau est plein de mérite & de finesse. *Hauteur, 17 pouces ; largeur, 17 pouces. T. n°. 712 du Cat. de M. le P. de C.*

FRANÇOIS BOUCHER.

87. Diane & Endymion. Cette Déesse se présente dans un croissant au milieu d'un beau Ciel ; elle admire le Berger endormi que contemple aussi l'Amour : on voit auprès de lui d'un côté ses moutons, & de l'autre ses chiens.

La couleur & le mérite de ce Tableau lui conserveront toujours l'admiration des Connoisseurs. *Hauteur, 3 pieds 8 pouces ; largeur, 4 pieds 8 pouces. T.*

88. Deux Tableaux pendants : Sujets de Pastorales. L'un représente un Berger auprès

de sa Bergere. On la voit ornant de rubans une musette ; à ses pieds, sont une corbeille de fleurs & un mouton : le fonds se termine par un beau ciel & quelques arbres.

L'autre représente une jeune Bergère endormie à côté de ses moutons ; un jeune Berger assis auprès d'elle, & tenant sa houlette, la contemple avec admiration : on y voit aussi un beau ciel & un fonds de paysage agréable.

Ces deux Tableaux sont précieux, & du bon temps de M. Boucher. *Hauteur, 2 pieds 10 pouces ; Largeur, 3 pieds 6 pouces. T.*

CH. NATOIRE.

89. Une Esquisse montée sous verre, représentant Bacchus & Ariane.

Hauteur, 19 pouces ; Largeur, 13 pouces. T. n°. 728 du Cat. de M. le P. de C.

M. CHARDIN.

90. Deux petits Tableaux pendants. L'un représente un jeune homme assis à terre dans un attelier, & dessinant d'après une figure d'Académie ; l'autre représente une jeune fille assise sur une chaise, & occupée à faire de la tapisserie ; elle a devant elle un panier d'osier où sont ses pelotons.

Les Amateurs connoissent la vérité & le mérite des

Ouvrages de cet habile Artiste. *Hauteur*, 7 *pouces* ; *largeur*, 6 *pouces*. T.

M. VERNET.

91. Deux Tableaux pendants. L'un représente un brouillard au soleil levant, dont l'effet paroît envelopper tous les fonds dans une belle vapeur. Au milieu de l'eau on apperçoit un Fort construit sur des rochers ; les devants sont ornés de belles figures de Pêcheurs & Matelots avec leurs barques joignant le bord.

L'autre représente un temps de pluie & d'orage. On apperçoit sur la droite au milieu du Tableau, un rocher sur lequel est construit un Fort ; les devants sont ornés de débris de vaisseaux & de quatre figures, dont l'une vient d'être retirée de l'eau, où elle a péri dans le naufrage.

M. Vernet a peint ces deux Tableaux pendant son séjour en Italie. *Hauteur*, 18 *pouces* ; *largeur*, 14 *pouces*. T.

CAZANOVA.

92. Une mêlée de Cavalerie. Le grouppe principal présente un Cuirassier monté sur un cheval blanc, & tirant un pistolet sur un autre. Ce choc est éclairé par un effet de lumiere dont l'Artiste a supérieurement profité

pour

pour ses terrasses & les figures répandues à terre çà & là.

Le ciel & les fonds sont de la plus belle couleur, & grandement touchés. *Hauteur, 4 pieds; largeur, 6 pieds*. T.

M. DURAMEAU.

93. Deux Médaillons de forme ovale, imitant le marbre blanc. Ils représentent des sujets d'enfans.

Hauteur, 2 pieds 3 pouces; largeur, 1 pied 9 pouces. T. n°. 779. *du Cat. de M. le P. de C.*

HUET le Père.

94. Une Chienne en arrêt, nommée Charmante.

Tableau bien peint. *Hauteur, 3 pieds; largeur, 4 pieds*. T.

M. BARBIER.

95. Deux grands Tableaux allégoriques, représentant l'Apothéose de Lully & celle de Rameau.

Ils sont d'une composition très-intéressante, & touchés précieusement. Feu S. A. S. Mgr. le Prince de Conti avoit fait faire ces deux Tableaux pour la décoration de son sallon de musique. Ils conviendroient parfaitement à orner la galerie de l'Opéra. *Hauteur, 7 pieds; largeur, 4 pieds 4 pouces*. T. n°s. 766 & 767 *du Cat. de M. le P. de C.*

※

ECOLE DES PAYS-BAS.

HENRY DE CLERK.

96. LE Festin des Dieux.

Composition de sept Figures fortes comme nature. Hauteur, 4 pieds 6 pouces; largeur, 6 pieds 11 pouces. B. n°. 224 du Cat. de M. le P. de C.

Par un Maître Hollandois.

97. Une femme assise dans un paysage, appuyée sur une draperie rouge posée sur une balustrade, vêtue d'une robe violette & d'un jupon de satin blanc.

Hauteur, 14 pouces; largeur, 12 pouces; B.

PAUL BRILL.

98. Un Paysage & des rochers au bas desquels se voient de belles eaux; sur le devant sont des Chasseurs en embuscade, tirant sur des canards.

L'ensemble de ce Tableau est piquant d'effet, de la plus fine touche de ce Maître. Les Figures en sont peintes par Annibal Carrache. *Hauteur, 20 pouces 6 lignes; largeur, 24 pouces. T. n°. 226 du Cat. de M. le P. de C.*

99. Un riche Paysage dans le milieu duquel tombe une chûte d'eau brisée par des rochers. A gauche est une grande montagne couverte d'arbres, & faisant opposition à de beaux lointains : sur le devant sont quelques figures, dont un homme suivant un âne chargé.

Ce Tableau est orné dans toutes ses parties, d'une couleur & d'un fini précieux. Il fait pendant au n°. 98 qui précède, & ils pourroient aller ensemble. *Hauteur, 16 pouces; largeur, 24 pouces. T.*

100. Un Tableau de paysage très-précieux. Il représente quantité d'anciennes ruines & nombre de figures & animaux répandus çà & là, entr'autres quelques chevres & des porcs, dont le Pâtre est assis sur le devant.

Hauteur, 10 pouces; largeur, 13 pouces. C.

MATTHIEU BRILL.

101. Un grand Paysage fait par ce Maître en Italie. Il représente des ruines d'Architecture dans un site agréable : on y voit de belles figures & quelques animaux.

Hauteur, 3 pieds 9 pouces; largeur, 4 pieds 6 pouces. T. n°. 506 du Cat. de M. le P. de C.

P. P. RUBENS.

102. La Charité Romaine.

Ce Tableau est clair, agréable, du bon temps & du plus fini de ce Maître. *Hauteur, 2 pieds 4 pouces. Largeur, 3 pieds 4 pouces. T. n°. 241 du Cat. de M. le P. de C.*

103. Un Paysage riche de composition offrant à l'œil une campagne immense : le devant est orné de plusieurs figures, & le ciel représente un orage. Il fait pendant au n° 127 ci-après de ce Catalogue.

Hauteur, 16 pouces ; largeur, 25 pouces. B. n°. 291 du Cat. de M. le P. de C.

ANT. VANDICK.

104. Le buste d'un Vieillard à longue barbe.

Ce Tableau fait parfaitement pendant au n°. 16 ci-devant de ce Catalogue, autant par son sujet que par ses beautés, sa belle touche & sa belle couleur. *Hauteur, 22 pouces ; largeur, 17 pouces. T. n°. 275 du Cat. de M. le P. de C.*

JACQ. JORDAENS.

105. Ce Tableau représente deux figures de grandeur naturelle, & vûes jusqu'à mi-corps au travers d'une fenêtre, que l'on croit être le portrait de Jordaens & celui de sa femme : elle tient de la main gauche un perroquet à qui elle donne à manger.

Il est de la plus belle couleur, & de la maniere de ce Maître la plus agréable. *Hauteur, 2 pieds 9 pouces ; largeur, 2 pieds 6 pouces. T. n°. 271 du Cat. de M. le P. de C.*

LANGUIAN.

106. Ce Tableau représente Jupiter en Diane, avec la Nymphe Calysto à qui elle parle.

Hauteur, 4 pieds 2 pouces ; *largeur*, 3 pieds 8 pouces, T. n°. 801 *du Cat. de M. le P. de C.*

LE NAIN.

107. Le Portrait de cet Artiste peint par lui-même. Il s'est représenté peignant un portrait : plusieurs figures en pied sont autour de lui. Le lieu représente l'attelier du Peintre.

Hauteur, 14 pouces ; *largeur*, 11 pouces. B. n°. 557 *du Cat. de M. le P. de C.*

PIETRE NEEF.

108. L'intérieur d'une Eglise très-clair, agréable & du bon temps de ce Maître. On y voit beaucoup de figures analogues au sujet par F. Franc.

Hauteur, 13 pouces ; *largeur*, 19 pouces. B. n°. 137 *du Cat. de M. le P. de C.*

HENRY STEENUITH.

109. Un grand Tableau représentant l'intérieur d'une Eglise des Pays-Bas, ornée de belles figures peintes par Porbus.

Le travail immense de ce Tableau, la distribution des lumieres, son fini précieux & la belle couleur, le mettent au-dessus de tout éloge. *Hauteur*, 3 pieds & demi ; *largeur*, 5 pieds & demi. T. n°. 265 *du Cat. de M. le P. de C.*

BREUGHEL DE VELOURS.

110. Un petit Tableau de forme ronde, représentant un riche paysage au milieu duquel

se voit un ancien Temple ruiné : quantité de petites figures sont répandues sur les divers plans. Le fonds du Tableau est une marine.

Il est du plus précieux de ce Maître, très-agréable, & d'une belle touche.

STALBEN.

111. Un autre petit Tableau aussi de forme ronde & pendant du précédent. Il représente un Hermitage pratiqué dans un roc, au bas duquel passe une riviere sur laquelle on voit un bateau rempli de petites figures. Il est d'un fini précieux.

Le diametre de ces deux Tableaux est de 5 pouces. Ils sont le n°. 263 du Cat. de M. le P. de C.

112. La Vue des environs de Bruxelles, par le même. Paysage orné de figures.

Ce Tableau est d'un site agréable, du coloris le plus frais, & offre de beaux lointains. *Hauteur, 3 pieds; largeur, 3 pieds 9 pouces. T. n°. 488 du Cat. de M. le P. de C.*

D. TENIERS.

113. Un petit Tableau légérement fait, représentant une chambre dans le fond de laquelle sont assis un homme & une femme : sur le devant se voient différens ustensiles de ménage.

Il fait pendant avec le n°. 120 ci-après de ce Catalogue. *Hauteur, 7 pouces; largeur, 8 pouces & demi. B. n°. 305 du Cat. de M. le P. de C.*

114. Deux Tableaux pendants. L'un représente la vue d'un Village Flamand : sur le devant se voit un jeu de boules & neuf figures, dont les unes jouent & les autres regardent ; plus loin un grand chemin qui conduit au Village, & proche les maisons quelques Paysans répandus dans la campagne.

L'autre représente sur le devant un canal au bord duquel sont plusieurs figures occupées à mettre du poisson dans un baquet, pendant que d'autres retirent un filet : de l'autre côté du canal on remarque une ferme & plusieurs bestiaux sur une éminence. Le lointain offre la Ville d'Anvers.

La qualité de ces deux Tableaux est d'être clairs, argentins, faits avec la derniere légéreté, & de la touche la plus spirituelle. *Hauteur*, 14 *pouces*; *Largeur*, 23. B, n°. 299 du Cat. de M. le P. de C.

115. Un grand Tableau représentant un paysage orné de montagnes & côteaux : dans le lointain, sur les hauteurs, on apperçoit un Hermitage ; sur le premier plan, à gauche, se voit un pont de bois sur lequel passent un homme & une femme.

Ce Tableau est savant & d'une belle touche. *Hauteur*, 3 *pieds* 9 *pouces*; *largeur*, 4 *pieds*. T. n°. 303 du Cat. de M. le P. de C.

116. Un grand Paysage représentant l'entrée d'un Village. Sur le premier plan, à droite, & près d'une maison, est un grouppe de quatre figures, dont trois causent ensemble : sur le second plan, on en voit quelques autres à table à la porte d'un Cabaret.

Ce morceau est agréable & du meilleur temps de ce Maître. *Hauteur*, 3 *pieds* 6 *pouces* ; *largeur*, 5 *pieds*. T.

BRAWER.

117. Un Tableau représentant une chambre où se voient six figures, les unes buvant & les autres fumant.

Il est bien touché & spirituellement fait. *Hauteur*, 1 *pied* ; *largeur*, 10 *pouces*. B.

F. VANDERMEULEN.

118. Deux petits Tableaux pendants. Tous deux représentent des combats de Cavalerie au passage d'un pont ; dans l'un des deux on voit sur la hauteur des bagages attaqués & surpris par l'Ennemi.

On voit dans l'un & dans l'autre une quantité prodigieuse de figures, & par-tout l'ordre d'une composition heureuse, quoiqu'en petit. Ils sont d'ailleurs d'un transparent & d'une légéreté admirables. *Hauteur*, 8 *pouces & demi* ; *largeur*, 12 *pouces*. B. n°. 429 *du Cat. de M. le P. de C.*

MOLNAER.

119. Un Tableau repréſentant un hiver & des glaces : ſur le devant ſe voient quelques figures en traineaux ; à l'oppoſite une éminence de terrein ſur laquelle eſt une chaumiere : le fonds préſente un grand lac couvert de Patineurs.

Hauteur, 18 pouces ; largeur, 24 pouces. T.

G. KALF.

120. Un petit Tableau repréſentant une cuiſine dans laquelle on voit une femme qui ſe chauffe & un homme portant un panier ; ſur le devant ſont pluſieurs uſtenſiles de ménage & quelques légumes.

Il fait pendant avec le n°. 113 de ce Catalogue. Hauteur, 7 pouces ; largeur, 8 pouces 6 lignes. B. n°. 305. du Cat. de M. le P. de C.

VANDER NÉER.

121. Ce Tableau repréſente un clair de Lune. Sur le devant ſont quelques maiſons & moulins, & dans l'éloignement, à gauche, une Ville.

L'effet en eſt juſte & intéreſſant. Hauteur, 16 pouces 6 lignes ; largeur, 25 pouces. B. n°. 781 du Cat. de M. le P. de C.

122. Un Tableau repréſentant le Soleil couchant ſur les eaux. Le devant offre pluſieurs Terraſſes, ſur leſquelles ſont quelques figures & animaux, & un chariot.

Ce Tableau eſt d'un bon effet, & d'un bon ton de couleur. *Hauteur, 24 pouces; largeur, 22 pouces. T.*

ANDRÉ BOTH.

123. Deux petits Tableaux pendants. Ils repréſentent tous deux des chaumieres, & quelques Payſans aſſis & debout occupés entr'eux.

Hauteur, 6 pouces 6 lignes; largeur, 8 pouces 3 lignes. B. n°. 787 du Cat. de M. le P. de C.

124. Un Payſage repréſentant des rochers & un fonds de ciel, ſur leſquels ſe détachent deux figures de Payſans chargés de leurs paquets.

Hauteur, 7 pouces; largeur, 9 pouces. C.

JEAN MIEL.

125. L'Annonce aux Bergers.

Ce Tableau de forme ronde eſt éclairé par un beau Ciel, au milieu duquel ſe voient des Anges dans une gloire qui jette une lumiere agréable ſur les bergers & leurs troupeaux. C'eſt un des plus fins morceaux qu'on puiſſe voir de ce Maître. *Diametre, 6 pouces. C. n°. 320 du Cat. de M. le P. de C.*

REMBRAND VAN RHIM.

126. Ce Tableau de forme ovale représente Moïse retiré des eaux par la fille de Pharaon.

Les figures en sont d'une finesse & d'une beauté précieuses. Le Peintre les a rendues très-agréables, quoique nues & en petit. L'ensemble & l'harmonie de ce Tableau satisfont les yeux des Amateurs. *Hauteur*, 18 *pouces*; *largeur*, 22 *pouces*. T. n°. 384 du Cat. de M. le P. de C.

127. Ce Tableau représente une riche campagne ornée de fabriques entourées de belles eaux & éclairées d'un coup de soleil : on voit sur le devant un carrosse & plusieurs figures.

L'effet de ce Tableau est des plus piquants. Il fait pendant avec le n°. 103 de ce Catalogue. *Hauteur*, 16 *pouces*; *largeur*, 25 *pouces*. B. n°. 292 du Cat. de M. le P. de C.

128. Un Tableau composé de six figures, dont le sujet est la Samaritaine.

Il est d'une force de couleur & d'une maniere dont les beautés n'échapperont pas aux Connoisseurs. *Hauteur*, 18 *pouces*; *largeur*, 15 *pouces* 6 *lignes*. B.

129. Un petit Tableau de paysage représentant une vue de Hollande : le devant représente un terrein traversé d'un chemin sur lequel sont deux petites figures; plus loin une grande riviere qui se perd dans les fonds.

Ce Tableau a toujours été attribué à ce Maître. *Hauteur*, 11 *pouces*; *largeur*, 18 *pouces*. T.

VAN EKOET.

130. Le Portrait d'un homme coiffé d'un chapeau, une fraise au col, & habillé de noir : demi-figure avec les mains. Il a la gauche gantée & la droite appuyée sur une croisée.

Ce Tableau a beaucoup de vérité & de mérite. *Hauteur*, *18 pouces ; largeur, 11 pouces. B.*

FERDINAND BOL.

131. Un Portrait à demi-corps : c'est celui d'un homme à longue barbe. Il est vêtu d'une veste & d'un manteau pardessus ; il a la main droite passée dans son écharpe, & la gauche appuyée sur un grand livre.

Hauteur, 2 pieds 6 pouces ; largeur, 22 pouces. T.

PAUL POTTER.

132. Ce précieux Tableau représente une vue du bois de la Haye. Cet endroit paroît être un rendez-vous de chasse : on y voit une meute de chiens & plusieurs chevaux qu'amenent des Palfreniers & Piqueurs ; dans le fond, sous les arbres, un carrosse attelé de six chevaux, qui paroît être l'équipage du Prince d'Orange.

Ce morceau des mieux conservés, & dont la réputation est assez établie, a déjà été apprécié par les Amateurs. *Hauteur, 23 pouces 6 lignes ; largeur, 28 pouces. T. n°. 370 du Cat. de M. le P. de C.*

133. Une belle prairie où l'on voit trois bœufs, dont l'un paroît se frotter contre un tronc d'arbre ; sur le deuxieme plan quelques moutons, & dans le fond un hameau détaché sur un beau ciel.

Ce Tableau est d'une vérité & d'un mérite qui n'échapperont pas aux yeux des Amateurs. *Hauteur, 2 pieds 7 pouces ; largeur, 3 pieds 9 pouces. T. n°. 371 du Cqt. de M. le P. de C.*

134. Une Etude d'une vue de Hollande. Le premier plan présente une Terrasse, sur laquelle sont trois Moutons & trois Bœufs ; le deuxieme est occupé par un Bois, dans lequel on apperçoit un vieux Château.

Hauteur, 9 pouces ; Largeur, 9 pouces. B.

G. METZU.

135. Une femme assise dans son appartement devant une table sur laquelle sont un miroir, un plat d'argent & une aiguiere. Elle est vêtue d'une robe rouge, & tient de la main gauche une lettre.

Hauteur, 8 pouces 6 lignes ; largeur, 7 pouces. B.

136. Deux Tableaux faisant pendants. L'un représente une Femme en manteau brun bordé d'hermine, assise devant une table couverte d'un tapis de Turquie : elle a la main droite appuyée sur son Chien, que l'on voit sur ses genoux ; &

de la gauche, elle remet une lettre à une Servante.

L'autre représente une Femme vêtue d'un manteau de velours cramoisi, aussi bordé d'hermine. Elle est assise devant une table couverte d'un tapis bleu, & joue aux cartes avec un homme assis de l'autre côté.

Ces deux Tableaux sont du bon temps de ce Maître. *Hauteur, 12 pouces; largeur, 9 pouces. B.*

137. Une Femme assise, tenant de la main droite un pot de grès, & de la gauche un verre plein de vin blanc. Elle paroît boire à la santé d'un Vieillard qui est près d'elle, & qui tient une pipe.

Ce Tableau est des plus agréables, & du meilleur temps de ce Maître. *Hauteur, 12 pouces; largeur, 10 pouces. T.*

138. Un Officier assis, vêtu d'un habit brun galonné d'argent, & coiffé d'un chapeau orné de plumes. Il est décoré d'une écharpe jaune, & tient un verre dans sa main droite.

Hauteur, 8 pouces; largeur, 7 pouces. B.

139. Une Marchande de poisson dans un marché, & quantité de figures.

Tableau agréable & d'une composition riche. *Hauteur, 21 pouces; largeur, 23 pouces. T. n°. 334 du Cat. de M. le P. de C.*

G. NETSCHER.

140. Un Tableau représentant des Enfans

qui deffinent d'après la boffe, à la lueur de la lampe. L'un d'eux eft appuyé devant une table, & a la main droite fur fon porte-feuille : près de lui on voit un autre Enfant qui femble lui parler.

Ce Tableau eft plein de mérite & de la plus grande vérité. *Hauteur, 8 pouces ; largeur, 7 pouces. B.*

PHIL. WOUVERMANS.

141. Un petit Tableau repréfentant de belles plaines terminées par quelques montagnes & un beau ciel : fur le devant on voit quantité de Cavaliers & une jeune Dame à cheval fe difpofant à partir pour la chaffe au vol.

Ce Tableau eft fin & brillant & d'un effet piquant. *Hauteur, 9 pouces ; largeur, 10 pouces & demi. C. n°. 344 du Cat. de M. le P. de C.*

142. Ce Tableau repréfente un payfage clair & argentin, enrichi de montagnes fablonneufes au bas defquelles paffe une riviere traverfée d'un petit pont de planches : on apperçoit auprès du pont plufieurs Cavaliers qui font boire leurs chevaux, & quantité d'autres figures.

Ce Tableau eft des plus agréables & du bon temps de ce Maître. *Hauteur, 2 pieds ; largeur, 20 pouces. T. n°. 343 du Cat. de M. le P. de C.*

N. BERGHEM.

143. Un Payfage, fur le devant duquel eft

une Villageoise tenant son enfant : près d'elle est une Laitiere qui lui parle, & un jeune Pâtre : on voit çà & là quelques Chevres & Vaches. Le fond se termine par une riviere & quelques montagnes.

Ce Tableau est clair, d'une belle couleur, & d'une composition intéressante. *Hauteur*, 13 *pouces ; largeur*, 17 *pouces*. *B.*

144. Un Tableau représentant des hauteurs, au bas desquelles sont des arbres : on y voit un Berger gardant son troupeau, & près de lui une femme assise, tenant dans son bras un panier.

Hauteur, 14 *pouces* 6 *lignes ; largeur*, 18 *pouces*. *B.*

GUILL. VAN ACHST.

145. Deux Tableaux faisant pendants, & représentant toutes sortes de Fruits, Fleurs, Légumes, Insectes & autres objets.

Hauteur, *pouces ; largeur*, *pouces*.

WILLIEM VANDEN VELDE.

146. Une Vue de la Mer dans son calme. Sur le premier plan se voit une petite Barque, dans laquelle sont deux Pêcheurs tirant leurs filets : sur le second sont deux grandes Barques à voiles, & plus loin un gros Navire & quelques autres Bateaux.

Ce Tableau est argentin ; les eaux en sont transparentes, & nous le regardons comme du meilleur temps de ce Maître. *Hauteur, 18 pouces ; largeur, 24 pouces. T.*

J. VANHUYSUM.

147. Deux Tableaux pendants. L'un repréfente un bouquet de fleurs dans un vafe pofé fur une table de marbre, fur laquelle & à côté du vafe eft un nid d'oifeaux avec des œufs dedans.

L'autre, des fruits de toute efpece, comme melon, raifins, pêches, prunes, des mûres & des noifettes, accompagnés de quelques fleurs.

Ces deux Tableaux font clairs & agréables jufques dans les fonds. La touche en eft précieufe, & du meilleur temps de ce Maître. *Hauteur, 18 pouces ; largeur, 14 & demi. C. n°. 473 du Cat. de M. le P. de C.*

CORNEILLE POELEMBOURG.

148. Ce Tableau repréfente une riche campagne ornée de ruines & fabriques : fur le devant font quelques figures dont le fujet eft un repos en Egypte. On y remarque beaucoup d'autres figures & quelques animaux.

Un lointain admirable & un ciel frais terminent ce précieux morceau, que l'on regarde comme un des plus capitaux de ce Maître. *Hauteur, 15 pouces ; largeur, 18 pouces. B. n°. 252 du Cat. de M. le P. de C.*

D.

WILLIEM MIERIS.

149. Deux Tableaux pendants. Ils repréſentent chacun un homme vu à mi-corps; l'un a la tête couverte d'une toque, & tient un rouleau de deſſins; l'autre porte un chapeau à bords rabattus orné d'une plume, & tient un verre.

Ils ſont de forme ovale, d'une riche couleur, & du bon temps de ce Maître. *Hauteur*, 5 *pouces* 6 *lignes*; *largeur*, 4 *pouces. B. n°. 463, du Cat. de M. le P. de C.*

GERARD DOW.

150. Un petit Tableau ovale repréſentant un homme vu à mi-corps avec barbe & cheveux gris; le col de ſa chemiſe ouvert, vêtu d'un habit brun, & une toque violette ſur la tête.

Ce Tableau eſt du bon temps de ce Maître. *Hauteur*, 7 *pouces* 6 *lignes. B.*

151. Un Aſtronome ayant un Compas dans la main gauche, qu'il tient poſé ſur un Globe; & dans la droite une Chandelle, à la lueur de laquelle il travaille.

Ce Tableau eſt d'un effet de lumiere ſurprenant, & du meilleur temps de ce Maître. *Hauteur*, 10 *pouces* 6 *lignes*; *largeur*, 8 *pouces* 6 *lignes. B. n°. 326 du Cat. de M. le P. de C.*

VAN TOL.

152. Une vieille Femme avec des lunettes.

Elle est assise dans un fauteuil de bois, & occupée à lire une Lettre qu'elle tient des deux mains: derriere elle est un Rouet, & devant, une Chaise & quelques ustensiles.

Ce Tableau est d'un bel effet, & du bon temps de ce Maître. *Hauteur, 12 pouces; largeur, 10 pouces. B.*

153. Un Tableau représentant un homme vêtu d'un habit brun, une toque bleue sur la tête, & assis dans un fauteuil de bois. Il tient un verre dans la main droite, & dans l'autre sa pipe.

Hauteur, 10 pouces; largeur, 8 pouces 6 lignes. B.

ISAAC OSTADE.

154. Un Tableau de paysage représentant un cabaret, devant lequel se voient quantité de figures de Paysans & d'enfans auxquels le Cabaretier verse à boire.

Ce Tableau est fait avec chaleur, & touché librement. *Hauteur, 3 pieds 4 pouces; largeur, 4 pieds 6 pouces. T.*

155. L'intérieur d'une chambre de Paysans. La fenêtre éclaire la cheminée près de laquelle on voit un homme assis dans une chaise, & une femme qui remue son enfant: le reste de la chambre est orné de toute sorte d'ustensiles de ménage.

La lumiere de ce Tableau est d'un effet admirable. *Largeur, 16 pouces; hauteur, 13 pouces. B.*

ADAM PINAKER.

156. Un beau Paysage.

On y voit des arbres peints avec beaucoup d'art, des terrasses & des plantes spirituellement faites, & quelques figures & animaux du bon temps de Vanderdoes. *Hauteur*, 15 *pouces*; *largeur*, 18. T.

157. Un riche Paysage, d'un site admirable, orné d'arbres & de broussailles. On voit sur le devant deux vaches, des chèvres, & sur un plan élevé, deux hommes; plus loin, une figure à cheval.

Ce Tableau est d'un coloris chaud, de la touche la plus spirituelle, & du meilleur temps de ce Maître. *Hauteur*, 18 *pouces*; *largeur*, 25 *pouces*. B. n°. 361 du Cat. de M. le P. de C.

158. Un Paysage pittoresque & intéressant: on y voit un Escalier de pierre qui descend de dessus un Pont; sous l'arche du Pont, une Femme qui se lave les jambes: les devants & les terrasses sont couverts de roseaux & de plantes aquatiques; on y voit quelques animaux, comme Chèvres & Moutons.

Cette composition est éclairée par un coup de soleil qui produit l'effet le plus piquant. *Hauteur*, 18 *pouces*; *largeur*, 14 *pouces*. B.

L. BAKUISEN.

159. Un Tableau représentant une mer

agitée. Sur le premier plan se voit une barque dont les voiles sont déployées, & faisant opposition sur les fonds où se voient plusieurs vaisseaux & barques.

Le ciel en est très-clair, & il est du meilleur temps de ce Maître. *Hauteur*, 13 *pouces*; *largeur*, 18 *pouces*. T.

ROTHENAMER.

160. Une Sainte Famille. On y voit la Vierge assise, tenant l'Enfant-Jesus sur ses genoux, à qui S. Jean présente une corbeille pleine de fruits, & plus loin, S. Joseph & Sainte Anne.

Ce morceau est précieux & agréable. *Hauteur*, 7 *pouces 6 lignes*; *largeur*, 6 *pouces*. C.

JEAN ASSELYN.

161. Un Paysage représentant des montagnes au bas desquelles on voit un grand chemin, & dessus plusieurs figures & animaux; entr'autres un homme monté sur un cheval blanc. Sur la gauche du Tableau se voit une belle ruine d'Architecture élevée au milieu d'une mare d'eau, & pardevant une fontaine où un homme boit, ainsi que son chien.

Ce morceau est d'une couleur & d'un effet admirables. *Hauteur*, 18 *pouces*; *largeur*, 24 *pouces*. T.

A. CUYP.

162. Un Tableau riche & intéressant. Il re-

présente la Vue d'un Lac glacé; plusieurs Matelots sont occupés à casser la glace, & à retirer leurs filets de l'eau. Sur la gauche, on voit une jeune Femme dans un traîneau tiré par deux chevaux blancs; & dans le fond, quantité de Patineurs en exercice. Le lointain offre la Vue de la Ville de Doort.

On place les Tableaux de ce Maître parmi les plus beaux Ouvrages de son Ecole. Celui-là est un des plus distingués & des plus capitaux de lui. *Hauteur, 21 pouces; largeur, 44 pouces. T.*

163. Un Paysage, dans lequel on voit deux Bœufs, dont un couché & l'autre debout; & près d'eux, un jeune Pâtre & quelques arbres. La gauche offre de beaux lointains, dans lesquels on apperçoit la Tour d'un Château ruiné.

Ce Tableau est de la plus belle touche, & de la meilleure couleur. *Hauteur, 36 pouces; largeur, 48 pouces. T.*

164. Un effet de clair de Lune au bord de la Mer; le devant présente une Terrasse, sur laquelle se voient cinq Bœufs couchés & un debout.

Hauteur, 10 pouces; largeur, 13 pouces. B.

J. RUISDAEL.

165. Un Paysage riche & d'un site agréable. Le devant représente de belles eaux agi-

tées par deux moulins, le second plan des arbres & des montagnes. On y voit quelques figures de Cavaliers qui sont faites par M. Lagrenée.

Il est très-argentin & de la touche la plus finie de ce Maître. *Hauteur*, 18 *pouces*; *largeur*, 23 *pouces*. T. n°. 404 *du Cat. de M. le P. de C.*

166. Un Paysage représentant sur le devant une riviere, sur le second plan une hauteur & des chemins sablonneux, des ruines & quelques beaux arbres, entre lesquels on voit une Eglise; sur la terrasse, deux figures & quelques moutons.

Hauteur, 9 *pouces*; *largeur*, 10 *pouces*. B.

167. Un Tableau représentant un Paysage rempli d'arbres & de bois: le devant est occupé par une riviere; & sur le second plan se voient deux figures.

OBEMA.

168. Un Tableau faisant pendant au précédent. Il représente un chemin sur le devant duquel sont deux figures de Paysans & un chien qui sortent du bois: le fond est terminé par des prairies & une riviere sur laquelle on voit des Pêcheurs dans un bateau.

Ces deux Tableaux sont très-agréables & du meilleur temps de ces deux Maîtres. *Hauteur*, 11 *pouces*; *largeur*, 13 *pouces*. B.

MOUCHERON.

169. La Vue d'un Bois, au milieu duquel est un chemin. Sur le devant, on voit un Cheval chargé, & une Femme auprès d'une Fontaine, où se désaltere son Chien. Sur le deuxième plan sont quelques autres figures éclairées par un coup de Soleil.

Ce Tableau est riche, brillant, & d'une composition intéressante. *Hauteur, 24 pouces ; largeur, 30 pouces. T.*

170. Un Paysage représentant un bois ; sur le devant quelques figures & animaux peints par Vandenvelde.

Hauteur, 16 pouces ; largeur, 18 pouces. T.

THOMAS WICQ.

171. Un Tableau représentant l'intérieur d'une cour, dont le fond présente de belles fabriques : au milieu se voit un puits contre une mâture ; il est enrichi de trois figures analogues au sujet, dont la principale est une femme qui tire de l'eau au puits.

Hauteur, 16 pouces ; largeur, 13 pouces 6 lignes. B.

172. Un Tableau représentant l'intérieur d'une cuisine, au milieu de laquelle se voit une femme à genoux récurant un chaudron ; il y a à terre différens légumes & ustensiles

de ménage. Le tout est éclairé par un grand escalier.

Hauteur, 13 pouces; largeur, 15 pouces. B.

LE PETIT MOYSE.

173. Un petit Paysage dans lequel & sur le devant sont pour figures le sujet d'Agar & Ismael : le fond est terminé par de beaux arbres & de hautes montagnes détachés sur un ciel clair.

Hauteur, 13 pouces; largeur, 18 pouces. C.

Dans le goût d'ADAM ELSEYMER.

174. Une Fuite en Egypte.

Sujet de nuit bien traité. Hauteur, 11 pouces; largeur, 15 pouces 6 lignes. C.

GUILL. DE HEUSSE.

175. Un riche Paysage dont le devant présente une belle chûte d'eau : sur le second plan de beaux arbres s'élevent sous un ciel chaud pardessus des lointains agréables. A la gauche du Tableau on voit un rocher.

Ce Tableau est d'un ensemble riche & agréable. Hauteur, 22 pouces; largeur, 18 pouces. B.

VANDER DOES.

176. Deux Tableaux pendants représentant

des paysages ornés de fabriques, animaux & figures.

Ils sont bien touchés & chauds de couleur. *Hauteur, 12 pouces; largeur, 13 pouces. T. n°. 363 du Cat. de M. le P. de C.*

CORN. DE HARLEM.

177. Un Tableau représentant le Portrait d'un jeune homme vêtu d'un habit gris avec collet blanc, & ayant un grand chapeau sur la tête.

Hauteur, 21 pouces; largeur, 15 pouces. B.

EVERDINGHEN.

178. Un Paysage représentant sur le premier plan une grande riviere sur laquelle se voit un bateau avec deux Pêcheurs : sur le second plan on voit une chaumiere & un pont de bois; le tout terminé par des lointains sur un beau ciel.

Hauteur, 20 pouces; largeur, 24 pouces. T.

BREKELCAMP.

179. Un petit Tableau représentant un Philosophe avec des lunettes, barbe & cheveux blancs; & appuyé sur un livre dans lequel il écrit.

Ce Tableau est très-fini dans le style de Gerard Dow, dont il est Eleve. *Hauteur, 8 pouces 6 lignes; largeur, 6 pouces. B.*

G. BOUTH.

180. Un fond de chambre dans laquelle se voient trois figures, dont deux à table. La principale est un Officier vêtu d'un habit gris rayé de noir & les manches blanches : la troisieme est dans le fond, tenant une bouteille dans son bras.

Hauteur, 9 pouces 6 lignes ; Largeur, 7 pouces. B.

ROMBOURG.

181. Un Paysage où l'on voit sur le devant une grande riviere, & de l'autre côté, sur la droite, un chemin & des maisons de Paysans sous les arbres : sur la riviere sont deux bateaux & quelques figures dedans.

Hauteur, 18 pouces ; largeur, 25 pouces. B.

HUTTEMBURG.

182. Une bataille de Cavalerie. Le second plan est partagé par deux grands arbres, & sur le côté un choc au passage d'un pont. Cette composition est terminée par des lointains & un beau ciel.

Ce Tableau est du meilleur temps de ce Maître. *Hauteur, 22 pouces ; Largeur, 28 pouces. T.*

FERGUZON.

183. Deux Tableaux pendants. Ils repré-

fentent des pigeons & du gibier mort, avec quelques inftrumens de chaffe.

Hauteur, 22 pouces 6 lignes; largeur, 18 pouces. T.

J. VANKESSEL.

184. Deux petits Tableaux pendants. Ils repréfentent des canards, des poulets, & différens oifeaux & animaux.

Ce genre eft particulier à ce Maître, dont la touche eft fine & fpirituelle. Hauteur, 7 pouces; largeur, 11. n°. 375 du Cat. de M. le P. de C.

185. Deux Tableaux pendants. Ils repréfentent des papillons & des infectes.

Hauteur, 4 pouces; largeur, 5. pouces. C. n°. 387 du Cat. de M. le P. de C.

186. Deux autres Tableaux auffi pendants & repréfentant de même des papillons, quelques infectes & des branches de fleurs.

Hauteur, 5 pouces; largeur, 7 pouces & demi. C. n°. 390 du Cat. de M. le P. de C.

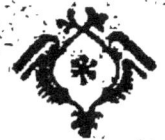

DESSINS

MONTÉS ET EN FEUILLES
DES MEILLEURS MAITRES
DES TROIS ÉCOLES.

ECOLE D'ITALIE.

JULES ROMAIN.

187. Un Deſſin à la plume, lavé au biſtre, & rehauſſé de blanc. Il repréſente Rémus, & Romulus allaités par la louve.

Il eſt très-conſervé : monté ſous verre.

MICHEL-ANGE.

188. Deux Etudes de Chriſt deſſinées à la plume ſur une même feuille.

N°. 1114 du Cat. de M. le P. de C.

LE PRIMATICE.

189. Deux Deſſins à la plume & au biſtre, rehauſſés de blanc. Ils repréſentent, l'un l'enlévement d'Europe, l'autre l'abondance.

N°. 1126 du Cat. de M. le P. de C.

190. Deux précieux Deſſins de ce Maître, au pinceau & rehauſſés de blanc. L'un repréſente Diane & Endymion, l'autre Vertumne & Pomone.

On en connoît les Tableaux à Fontainebleau. n°. 1120 du Cat. de M. le P. de C.

LE CHEVALIER JOSEPIN.

191. Une Etude d'une figure de Narciſſe dans une attitude de repos.

Deſſin à la pierre noire : monté ſous verre. n°. 969 du Cat. de M. le P. de C.

192. Une Académie. Figure à demi couchée.

Deſſin à la ſanguine, très-terminé : monté ſous verre. n°. 968 du Cat. de M. le P. de C.

193. Trois Etudes de figures légérement drapées & deſſinées à la ſanguine, venant du Cabinet de feu M. Mariette.

Montées ſous verre. n°. 967 du Cat. de M. le P. de C.

194. Une figure de la Charité.

Deſſin à la ſanguine.

POLIDORE DE CARRAVAGE.

195. L'Adoration des Bergers. Grand Deſſin en hauteur, fait au biſtre, rehauſſé de blanc.

Ce Deſſin eſt digne de Raphaël, & nous ſerions tentés de le lui attribuer : monté ſous verre & bordure. n°. 948 du Cat. de M. le P. de C.

(63)

ANT. ALLEG., dit LE CORREGE.

196. Une superbe Tête vue de trois quarts. Très-beau Deſſin à la ſanguine. n°. 1112 du Cat. de M. le P. de C.

LE PARMEZAN.

197. Le Portrait de ce Peintre deſſiné par lui-même. Il s'eſt repréſenté aſſis ſur un ſiege de bois, & tenant debout dans ſes mains une chienne.

Deſſin capital & infiniment précieux. n°. 1116 du Cat. de M. le P. de C.

ROSA ALBA.

198. Deux Têtes au paſtel. Figures de femme vues juſqu'au col, & collées ſur un fonds de moſaïque : elles ſont auſſi fortes de couleur que des Tableaux à l'huile, & d'une touche admirable.

Montées ſous verre. n°. 133 du Cat. de M. le P. de C.

SALVIATTI.

199. Le Baptême de Notre-Seigneur. Grand Sujet en hauteur, à la plume & au biſtre, rehauſſé de blanc.

N°. 1127 du Cat. de M. le P. de C.

PIETRO TESTA.

200. Les Iſraëlites adorant le Veau d'or.

Deſſin à la ſanguine monté ſous verre. n°. 991 du Cat. de M. le P. de C.

PIETRE DE CORTONNE.

201. Tullie faisant passer son char sur le corps de son pere.

Dessin capital à la plume & lavé. On en connoît l'Estampe : monté sous verre. n°. 974 du Cat. de M. le P. de C.

SALVATOR ROZE.

202. Deux Sujets d'Etude à la plume & au bistre.

Montés sous verre. n°. 982 du Cat. de M. le P. de C.

CARLO CIGNANI.

203. Un grand Dessin à la plume & lavé, très-terminé. Riche composition représentant les Israëlites adorant le Veau d'or.

Par derriere & dans la même bordure, une esquisse de M. Boucher, au bistre & au pinceau, représentant le jeu du Colin-Maillard. N°. 986 du Cat. de M. le P. de C.

ALEXANDRE THIARINI.

204. Un très-beau Dessin à la plume, lavé de bistre sur papier blanc. Il représente un repos en Egypte : on y voit la Vierge présentant le sein à l'Enfant-Jésus.

N°. 1147 du Cat. de M. le P. de C.

SIMON

SIMON CANTARINI.

205. Une petite Sainte Famille.

Deſſin à la plume & lavé : monté ſous verre. n°. 936 du Cat. de M. le P. de C.

FRÉDÉRIC BAROCHE.

206. Un ſuperbe Deſſin de ce Maître, à la pierre noire & lavé. Il repréſente Jeſus & la Vierge dans une gloire ſur des nuages & environnés d'Anges, & dans le bas un grand nombre de gens en adoration & venant leur rendre hommage. Il vient du Cabinet de M. Lempereur.

Par derriere & dans la même bordure eſt un Deſſin de M. Caſanova, repréſentant un Convoi qui paſſe ſur un pont entre des rochers.

N°. 972 du Cat. de M. le P. de C.

LUCAS JORDANS.

207. Un Deſſin à la plume & lavé. Il repréſente Judith montrant la tête d'Holopherne aux habitans de Thulie.

Grande & belle compoſition : montée ſous verre. n°. 981 du Cat. de M. le P. de C.

LE CHEVALIER LANFRANC.

208. L'Aſſemblée des Dieux dans l'Olympe. Grand Deſſin à la ſanguine. C'eſt la premiere penſée du plafond peint par ce Maître à la Vigne-Borgheſe. Il

E

a été gravé par Aquila : monté sous verre. n°. 992 du Cat. de M. le P. de C.

209. Les Fêtes Lupercales.

Très-beau Dessin à la plume, lavé de bistre & rehaussé de blanc au pinceau : composition riche. n°. 1150 du Cat. de M. le P. de C.

BENEDETTE CASTIGLIONE.

210. Un Dessin à la plume sur papier blanc. Il représente une Adoration des Bergers.

Monté sous verre. n°. 1698 du Cat. de M. le P. de C.

LE BACHICHE.

211. Une Fuite en Egypte.

Dessin bien conservé, fait à la plume & au bistre, sur papier gris : monté sous verre. n°. 997 du Cat. de M. le P. de C.

CAMPAGNOLE.

212. Un Paysage dans lequel on voit un homme à cheval, & un autre qui le suit.

Dessin à la plume sur papier blanc : monté sous verre. n°. 953 du Cat. de M. le P. de C.

ECOLE FRANÇOISE.

N. POUSSIN.

213. Un Dessin capital de ce Maître. Il représente l'Aurore & Céphale accompagnés de Nymphes & d'Amours.

Ce Sujet est traité à la plume & lavé ; monté sous verre. n°. 1069 du Cat. de M. le P. de C.

SEBAST. BOURDON.

214. Un grand Dessin à la plume & légérement lavé. Il représente une Sainte Famille.

Monté sous verre. n°. 1069 du Cat. de M. le P. de C.

EUST. LE SUEUR.

215. Deux Dessins à la pierre noire, rehaussés de blanc. Ils représentent, l'un S. Jean l'Evangéliste, & l'autre une Etude de Moïse au buisson ardent.

Montés sous verre. n°. 1075 du Cat. de M. le P. de C.

MICHEL CORNEILLE.

216. Un joli Dessin fait sur le travers. Il représente la Visitation de la Sainte Vierge.

Composition de quelques figures sur un fonds d'architecture, à la plume & à l'encre, rehaussée de blanc : montée sous verre. n°. 1098 du Cat. de M. le P. de C.

J. JOUVENET.

217. Un grand Dessin. Première pensée d'un plafond exécuté par M. Jouvenet à l'Hôtel Saint-Pouange. Il représente le lever du Soleil.

Composition riche, agréable & d'un grand effet : montée sous verre. n°. 1077 du Cat. de M. le P. de C.

FRANÇOIS LEMOYNE.

218. Un Dessin au crayon noir & blanc sur

papier bleu. Il représente la Fuite en Egypte.

On en voit le Tableau dans l'Eglife des Dames de l'Affomption. Il eſt monté fous verre. n°. 1078 *du Cat. de M. le P. de C.*

219. Une Etude de tête de femme. Ce paroît être celle d'Hébé pour le Sallon d'Hercules à Verfailles.

Deſſin au paſtel, monté fous verre. n°. 1079 *du Cat. de M. le P. de C.*

BOUCHARDON.

220. Un Deſſin au crayon rouge. Il repréfente Vénus enchaînée avec les Arts par l'Hymen, & couronnée par l'Amour.

Monté fous verre.

FRANÇOIS BOUCHER.

221. Un Deſſin au crayon noir & blanc, avec un peu de fanguine. Il repréfente le Génie de l'Hiſtoire fous la figure d'une femme: on y voit un enfant fur des nuages. *24#*

CH. NATOIRE.

222. Deux Deſſins fur papier gris à la fanguine, rehauſſés de blanc. Ils repréfentent l'Été & l'Automne.

Montés fous verre.

HONORÉ FRAGONARD.

223. Le Pére de Famille.

Deſſin capital, fait au biſtre & au pinceau fur papier

blanc. *Hauteur, 9 pouces 3 lignes; largeur, 14 pouces: monté sous verre. n°. 1096 du Cat. de M. le P. de C.*

224. Un Deſſin ſur papier blanc, lavé au biſtre. Il repréſente un Payſage & des Fabriques, & ſur le devant une belle fontaine & des Blanchiſſeuſes.

Monté ſous verre.

LOUTHERBOURG.

225. Un Deſſin précieux au crayon noir, lavé à l'encre & rehauſſé de blanc. Il repréſente un Corps-de-Garde, dont les Soldats s'amuſent à jouer aux cartes ſur un tambour.

Monté ſous verre.

PERIGNON.

226. Deux petites Gouaches repréſentant des chûtes d'eau dans des payſages agréables enrichis de quelques figures.

Montées ſous verre.

ECOLE DES PAYS-BAS.

JOSEPH VERNEYR.

227. Une Miniature repréſentant une Reine donnant ſes ordres à un homme chargé d'un

vase rempli d'or : le fond représente des souterrains où l'on voit quelques tombeaux.

Monté sous verre. Hauteur, 6 pouces ; largeur, 5 pouces.

P. P. RUBENS et ANT. VANDICK.

228. Deux Desseins capitaux de ces deux Maîtres, montés tous deux dans la même bordure, présentant deux faces. L'un, de Rubens, représente un grouppe de Néréides au bord de la mer, & se disposant à transporter dans une barque un Guerrier endormi ; l'autre, par Vandick, représente Dalila livrant Samson aux Philistins.

Ils sont tous deux suffisamment connus & estimés des Amateurs, pour qu'il soit inutile d'en parler ici. *n°. 997 du Cat. de M. le P. de C.*

ANT. VANDICK.

229. Le Mariage de Sainte Catherine.

Dessin au bistre sur papier blanc, vigoureux, & des plus beaux de ce Maître. n°. 1162 du Cat. de M. le P. de C.

230. Un beau Portrait du nombre de ceux que l'on connoît gravés par Vandick lui-même.

Monté sous verre. n°. 1000 du Cat. de M. le P. de C.

ADAM ELSEYMER.

231. La Vue d'un bois touffu au bord d'une riviere. Au milieu est un grouppe de plusieurs petites figures qui se chauffent auprès d'un feu qui les éclaire.

Ce Dessin est à la plume & à l'encre, rehaussé de blanc : monté sous verre. n°. 1004 *du Cat. de M. le P. de C.*

232. Un Dessin plein d'esprit fait au bistre, rehaussé de blanc. Il représente une chambre dans laquelle sont quatre figures, dont trois à table & une près de la cheminée, dont le feu produit un effet de lumiere.

Monté sous verre.

REMBRAND.

233. La Vue d'une Mer chargée de Vaisseaux.

Dessin précieux au pinceau, & lavé à l'encre de la Chine : monté sous verre. n°. 1014 *du Cat. de M. le P. de C.*

BRAMER.

234. Deux Dessins pendants, sur papier bleu, à l'encre de la Chine, rehaussés de blanc. L'un représente Judas qui reçoit les trente deniers ; l'autre, Pilate qui se lave les mains.

Montés sous verre.

BARTHOLOMÉ BREEMBERG.

235. Un Paysage avec ruines & Architecture, & orné de quelques figures.

Dessin au pinceau lavé de bistre : monté sous verre. n°. 1040 *du Cat. de M. le P. de C.*

N. BERGHEM.

236. Deux Dessins pendants. L'un repré-

E 4

sente un homme monté sur un bœuf & jouant du flageolet, au son duquel danse une femme; dans l'autre on voit une femme montée sur un cheval, & un âne chargé de chevreaux & autres animaux morts.

Ces deux morceaux sont précieux & bien conservés montés sous verre. n°. 1009 du Cat. de M. le P. de C.

ADRIEN VANOSTADE.

237. L'intérieur d'une Grange, au milieu de laquelle on voit une porte ouverte avec une femme & un enfant auprès d'un puits, & sur la gauche, un homme & un autre enfant.

Ce Dessin est fait à la plume & colorié légèrement.

VANDENVELDE.

238. Un Dessin représentant une Mer tranquille & quantité de Vaisseaux.

Il est fait à l'encre de la Chine, & monté sous verre.

D. TENIERS.

239. Deux Dessins de ce Maître. L'un représente des Buveurs, l'autre un Paysage.

Ces deux Sujets sont à la mine de plomb. n°. 1164 du Cat. de M. le P. de C.

VANDERDOES.

240. Deux Paysages au crayon noir, lavé d'encre de la Chine. L'un représente un trou-

(73)

peau d'animaux descendant d'un chemin dont le Berger paroît boire à une fontaine; l'autre représente sur le devant des Chevres & Moutons, & le Berger sur le second plan.

Montés sous verre.

241. Un Dessin de ce Maître, fait au pinceau & lavé au bistre. Il représente une Etude de Paysage : on y voit pour figures une femme avec un jeune garçon, & quelques animaux.

N°. 1053 du Cat. de M. le P. de C.

G. DE HEUSSE.

242. Deux Pendants. Paysages avec figures, au pinceau & au bistre.

Montés sous verre. n°. 1064 du Cat. de M. le P. de C.

C. DUSAERT.

243. Deux Têtes grotesques.

Miniatures de forme ronde spirituellement faites.

WAGNER.

244. Deux petits Pendants. Paysages ornés de figures & animaux.

Ils sont du meilleur temps de ce Maître : montés sous verre. Hauteur, 4 pouces ; largeur, 6 pouces. n°. 857 du Cat. de M. le P. de C.

DIETRICY.

245. Alexandre chez Apelle.

Ce sujet est traité à la plume, & lavé au bistre. Hauteur, 8 pouces; largeur, 18. n°. 1060 du Cat. de M. le P. de C.

246. L'Adoration des Bergers.

Composition de 11 figures. Deſſin à la plume, lavé de biſtre. n°. 1176 du Cat. de M. le P. de C.

VEYROTTER.

247. Deux Payſages & Marines ornés de quelques barques & figures.

Ils ſont deſſinés à la mine de plomb ſur papier blanc.

DAVID VINKENBOONS.

248. Un riche Payſage avec figures. Deſſin à la plume & lavé d'indigo. Il eſt daté de 1607. Monté ſous verre. n°. 1631 du Cat. de M. le P. de C.

ANT. WATERLOO.

249. Deux Deſſins pendants, à la pierre noire & lavés. Ils repréſentent des Vues d'arbres & de Chaumieres.

Ils ſont montés ſous verre. n°. 1025 du Cat. de M. le P. de C.

J. VAN GOYEN.

250. Deux Deſſins coloriés repréſentant Payſages & Marines, ornés de quantités de figures.

Montés ſous verre.

WIERINGHEN.

251. Des Fabriques & des Figures.

Deſſin à la plume & colorié : monté ſous verre. n°. 1050 du Cat. de M. le P. de C.

FIALLING.

252. Un Paysage à la plume & au bistre.

Dessin monté sous verre. n°. 1056 *du Cat. de M. le P. de C.*

ECHARD.

253. Deux Gouaches coloriées, représentant des ruines d'Architecture & des Paysages.

Montées sous verre.

G. DEHEERK.

254. Une Fête Champêtre.

Dessin à la plume d'un Maître ancien & peu connu.

255. Une Adoration des Bergers, par M. Dandré Bardon.

Grand Dessin en hauteur, lavé de bistre. n°. 1106 *du Cat. de M. le P. de C.*

MINIATURES, *Oiseaux*, *Insectes*, *Plantes*, *Fleurs*, &c. *sur vélin & sur papier.*

---

256. Douze feuilles de Papillons & Insectes, sur papier.

ROBERT.

257. Deux feuilles de vélin cartonnées, sur lesquelles sont peintes avec beaucoup de soin & de finesse, des fleurs avec quelques fruits,

entourées chacune d'une bordure rehauffée d'or.

N°. 1204 du Cat. de M. le P. de C.

258. Différentes Fleurs peintes fur vélin cartonné.

N°. 1206 du Cat. de M. le P. de C.

259. Deux feuilles de vélin, fur lefquelles font peintes une branche de houx, & une autre nommée, *Hiofciamus albus, umbilico violaceo*.

N°. 1207 du Cat. de M. le P. de C.

260. Deux feuilles de vélin, fur lefquelles font peintes une plante de Balifier ou Nard-d'Inde, & des Tulipes, Oignons & Iris, dont une cartonnée.

N°. 1208 du Cat. de M. le P. de C.

261. Deux autres feuilles, fur lefquelles font une Tulipe panachée & une branche de Rofes.

N°. 1210 du Cat. de M. le P. de C.

262. Deux feuilles de vélin cartonnées, fur lefquelles font peintes différentes Fleurs, une branche d'Iris, trois plantes de Safran & cinq l'Anémone.

N°. 1209 du Cat. de M. le P. de C.

263. Deux autres feuilles de vélin cartonnées, fur lefquelles font peintes une Amarante, une Tulipe, un Lis afphodele & un Chévre-feuille.

N°. 1211 du Cat. de M. le P. de C.

264. Deux autres feuilles de vélin cartonnées, sur lesquelles sont peintes un Rosiaire & un Laurier-Rose.

N°. 1212 du Cat. de M. le P. de C.

265. Quatorze feuilles de vélin, sur lesquelles sont peintes différentes Plantes & Fleurs, comme *Oculus Christi*, Tabac, Colchique jaune ou Lis d'Automne & autres, avec quelques Insectes.

N°. 1215 du Cat. de M. le P. de C.

266. Huit feuilles de vélin, sur lesquelles sont peintes diverses Fleurs & Coquilles.

N°. 1216 du Cat. de M. le P. de C.

267. Quatorze feuilles de vélin, sur lesquelles sont peintes différentes Fleurs & Plantes.

N°. 1217 du Cat. de M. le P. de C.

268. Quatre feuilles de vélin, sur lesquelles sont peintes différentes Fleurs, comme Anémone, Impériale & Semi-double.

N°. 1208 du Cat. de M. le P. de C.

AGRICOLA.

269. Deux Oiseaux sur vélin, dont un est appellé le *Bec croisé*.

N°. 1234 du Cat. de M. le P. de C.

270. Deux Miniatures représentant des Oiseaux perchés sur des branches.

Montées sous verre.

271. Deux autres Miniatures représentant des Oiseaux perchés sur des branches.
Montées sous verre.

272. Deux Pendants représentant des branches, l'une de Roses & l'autre d'Œillets.
Miniatures colorées montées sous verre.

273. Seize feuilles de Papillons, deux feuilles d'Oursins & quatre feuilles de petites Plantes, tant sur vélin que sur papier.
N°. 1239 du Cat. de M. le P. de C.

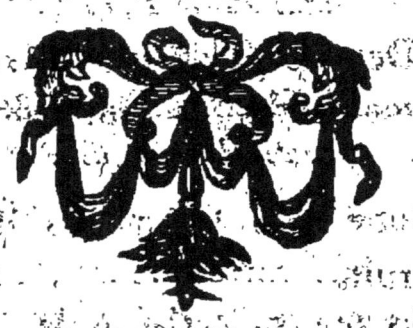

MARBRES,
BRONZES, TERRES-CUITES.

MICHEL-ANGE.

274. Un Bas-Relief ancien en marbre blanc, représentant Jupiter & Léda.

Hauteur, 2 pieds; largeur, 2 pieds 6 pouces. n°. 1295 *du Cat. de M. le P. de C.*

J. GOUJON.

275. Deux petits Bas-Reliefs en terre-cuite & de forme ronde. Ils représentent tous deux la Vierge & l'Enfant-Jesus. Ils ont été faits pour le Jubé de S. Germain-l'Auxerrois, qui a été détruit.

N°*. 1288 & 1289 *du Cat. de M. le P. de C.*

FRANÇOIS FLAMAND.

276. Un Enfant-Jesus debout. Figure en terre-cuite.

Hauteur, 7 pouces. n°. 1244 *du Cat. de M. le P. de C.*

277. Un Enfant couché sur le ventre. Terre-cuite montée sur un pied d'albâtre.

N°. 1258 *du Cat. de M. le P. de C.*

278. Deux petits Bronzes représentant des

Enfans debout, montés sur socles aussi de bronze, ornés de petits bas-reliefs.

N°. 1337 du Cat. de M. le P. de C.

279. Cinq Enfans jouant avec une Chevre. Bas-relief en terre cuite du plus grand mérite.

Hauteur, 8 pouces; largeur, 12 pouces. n°. 1352 bis du Cat. de M. le P. de C.

LARUE.

280. Un petit Bas-Relief représentant des Enfans qui jouent avec une Chevre ; on le croit par Larue d'après François Flamand.

281. Un petit Bas-Relief en terre-cuite, par le même, représentant la Vendange.

M. LEPAUTRE.

282. Une belle Figure en terre-cuite, représentant le Tibre & ses attributs.

Elle est suffisamment connue par les beaux Bronzes qu'on en a tirés.

CLAUDION.

283. Une Figure en terre-cuite. Elle représente une Bacchante debout, tenant de la main droite un petit Satyre, & de l'autre une Coupe.

284. Un Bas-Relief en terre-cuite, représentant une Femme de Satyre endormie sur le bord d'un fleuve. Elle a la main droite appuyée

puyée sur une urne ; & de la gauche, elle embrasse un petit Satyre, qui tient une grappe de raisin.

Ce Bas-Relief est de la plus belle touche.

285. Un Bas-Relief en terre cuite, représentant un Sacrifice à l'Amour.

M. BRENET, Sculpteur.

286. Deux Bas-Reliefs de forme ovale, représentant des Femmes nues. Terres-cuites.

PAR DIFFÉRENS MAITRES.

287. Un petit Bronze monté sur un pied d'ébene. Il représente un Enfant qui dort couché sur le ventre, d'après François Flamand.

288. Deux Figures de Femmes en bronze, montées sur leurs pieds de bois noirci. L'une tient un Cygne, l'autre est enveloppée dans ses draperies.

289. Le Buste de Louis XI.

Bas-Relief fondu de son temps avec le cordon de l'Ordre de Saint-Michel, dont il est l'Instituteur. *Hauteur*, 8 pouces 6 lignes.

290. Un autre Grouppe de bronze, monté sur un pied de bois noirci. Il représente Hercule qui étouffe Antée.

Hauteur, 15 pouces.

F

291. Un Grouppe de bronze de trois Figures repréſentant un Enlévement de Femmes.

Hauteur, 15 *pouces*.

292. Un Bronze antique repréſentant le Bœuf Apys, monté ſur un ſocle de marbre noir.

Hauteur, 10 *pouces*; *longueur*, 18. n°. 1307 *du Cat. de M. le P... de C...*

293. Un Buſte en marbre blanc repréſentant un Mercure, ſur ſon pied d'ouche de pareil marbre.

294. Un Bas-Relief de marbre blanc. Allégorie repréſentant un Enfant monté ſur un âne foulant aux pieds des Livres; & dans le haut un autre Enfant ailé, les yeux bandés & verſant de l'or, pour figurer le Génie de la fortune comblant l'ignorance de richeſſes.

Hauteur, 1 *pied* 6 *pouces*; *largeur*, 1 *pied*.

295. Un Triomphe de Bacchus. Joli Bas-Relief en cire colorée & de forme ovale.

296. Deux petits Bas-Reliefs ronds, en cire fondue. L'un repréſente le Triomphe de Bacchus, & l'autre Daphné ſur le bord du Fleuve Penée.

297. Deux Figures de Femmes debout, & faiſant pendants. L'une tient une Colombe, & l'autre des Fleurs dans ſa chemiſe.

Terres-cuites sous cages de verre n°. 1281 du Cat. de M. le P. de C.

298. Vénus & l'Amour sur un nuage. Terre-cuite terminée par M. Flamand.

299. Une Figure d'Apollon en pied. Terre-cuite d'après l'antique.

BIJOUX.

300. Une Boîte d'écaille quarrée, montée en or. Le dessus & la cuvette sont de coulé d'or, représentant des Hérons dans des roseaux.

301. Une Boîte ronde, en écaille, à gorge & galon d'or. Sur le dessus est une Miniature représentant Io, par Klingstel; & dessous un petit Tableau à l'huile, d'après Carlo Cignani.

302. Une Boîte d'écaille quarrée, à deux tabacs, garnie d'or; & le dessus d'une rosette en coulé d'or.

303. Trois Planches de cuivre gravées pour Cartouches.

☞ Pag. 8, supprimez le nom de SIMON CANTARINI, ou LE PEZAREZE, au n°. 13, pour le placer au n°. 14.

APPROBATION.

Lu & approuvé, ce premier Mars 1779.
COCHIN.

Vu l'Approbation, permis d'imprimer, ce premier Mars 1779.
LE NOIR.

De l'Imprimerie de DEMONVILLE,
rue S. Severin. 1779.

SUPPLEMENT AU CATALOGUE.

ANNIBAL CARRACHE.

304. Un Tableau repréſentant Pyrame & Thiſbé ſur le bord de la mer, au milieu de laquelle on apperçoit Neptune.

Hauteur, 3 pieds 9 pouces; largeur, 5 pieds. T. n°. 182 du Cat. de M. le P. de C.

305. Un grand Tableau repréſentant Acis & Galatée : figures de grandeur naturelle.

Ce Tableau a beaucoup ſouffert, mais on le croit réparable. Hauteur, 6 pieds 6 pouces; largeur, 5 pieds. T. de la Collection de M. le P. de C.

ANT. CARRACHE.

306. Vénus & l'Amour : Tableau allégorique, expliqué par la deviſe qu'on lit au bas :

Sine Cerere & Baccho friget Venus.

De même meſure que le précédent. *T. de la Collection de M. le P. de C.*

P. FRANÇOIS MOLE.

307. Un petit Tableau représentant Vénus couchée dans un Paysage. Auprès d'elle est un Amour qui tient son arc.

Le Paysage est agréable, & d'une belle touche. *Hauteur, 12 pouces; largeur, 15 pouces. T. partie du n°. 27 du Cat. de M. le P. de C.*

SALVATOR ROZE.

308. Un Paysage avec des rochers & une riviere. Sur le premier plan sont deux hommes qui se reposent.

Hauteur, 18 pouces; largeur, 27 pouces. T. n°. 147 du Cat. de M. le P. de C.

C. MARATT.

309. Une Sainte Famille, & trois Anges en adoration.

Bon Tableau. Hauteur, 14 pouces; largeur, 10 pouces 6 lignes. T. n°. 35 du Cat. de M. le P. de C.

D'après PAUL VÉRONNEZE.

310. Deux Copies de Sujets traités par ce Maître, ayant servi de dessus de porte.

De la Collection de M. le P. de C.

311. Deux autres. Idem.

SEB. BOURDON.

312. Une Sainte Famille. Quelques Anges

couronnent l'Enfant Jésus à qui S. Jean présente une Croix.

Hauteur, 14 pouces; largeur, 17 pouces 3 lignes. T. n°. 835 du Cat. de M. le P. de C.

PAUL BRILL.

313. Un Tableau de Payſage repréſentant ſur la gauche des rochers couverts d'arbres, entre leſquels paſſe un chemin éclairé d'un coup de ſoleil. On y voit un Pâtre & ſon troupeau, dont les animaux ſont épars çà & là.

Hauteur, 20 pouces; largeur, 28 pouces. T.

MOUCHERON.

314. Un Payſage en hauteur repréſentant l'entrée d'un grand Jardin, dans lequel on apperçoit pluſieurs figures çà & là, & quelques-unes ſur la gauche faiſant de la muſique. Elles ſont peintes par Vanden Velde.

Ce Tableau eſt bien peint, & du bon temps de ces deux Maîtres. *Hauteur, 18 pouces; largeur, 15 pouces. B.*

HERMAND SUANSWELD.

315. Un Payſage où l'on voit une chûte d'eau tombant d'un rocher. Il eſt orné de cinq figures.

Ce Tableau eſt du meilleur temps de ce Maître. *Hauteur, 3 pieds; largeur, 4 pieds. T. n°. 350 du Cat. de M. le P. de C.*

J. VAN ACHST.

316. Une Forêt dans laquelle on voit une chasse de Cerf.

Ce Tableau est piquant d'effet & d'un beau faire. Les Figures sont d'Adrien Vanden Velde. *Hauteur, 22 pouces 9 lignes ; largeur, 16 pouces.* T. n°. 451 *du Cat. de M. le P. de C.*

317. Un Dessin colorié par Benedette, représentant Ulysse & ses Compagnons dans l'Isle de Circé.

Hauteur, 16 pouces ; largeur, 22 pouces. monté sous verre.

318. Un Dessin à l'encre de la Chine représentant Vénus couronnée par les Graces, par Diepembeck.

De forme ronde, & monté sous verre.

319. Une feuille de Vélin sur laquelle sont peints quatre oiseaux, dont trois perchés ; par Agricola.

F I N.

www.ingramcontent.com/pod-product-compliance
Lightning Source LLC
Chambersburg PA
CBHW071200240526
45470CB00017B/858